M DD

139

fruits 2 jours
légumes crus 3 en p.
ou légumes verts cuits à la vapeur

P. ...

" La réatiments ... ...rt d'une durée
égale au je... ...t elle se démarque par la cai... ...oi des réactions
d'élimination ... ...nchées pendant le
jeûne "

Jeûner
pour sa santé

Conception graphique de la couverture: Christiane Houle
Photo: The Image Bank/James Meyer

DISTRIBUTEURS EXCLUSIFS:

- Pour le Canada et les États-Unis:
  LES MESSAGERIES ADP*
  955, rue Amherst, Montréal H2L 3K4
  Tél.: (514) 523-1182
  Télécopieur: (514) 939-0406
  * Filiale de Sogides ltée

- Pour la Belgique et le Luxembourg:
  PRESSES DE BELGIQUE S.A.
  Boulevard de l'Europe, 117
  B-1301 Wavre
  Tél.: (10) 41-59-66
       (10) 41-78-50
  Télécopieur: (10) 41-20-24

- Pour la Suisse:
  TRANSAT S.A.
  Route des Jeunes, 4 Ter
  C.P. 125
  1211 Genève 26
  Tél.: (41-22) 342-77-40
  Télécopieur: (41-22) 343-46-46

- Pour la France et les autres pays:
  INTER FORUM
  Immeuble ORSUD, 3-5, avenue Galliéni, 94251 Gentilly Cédex
  Tél.: (1) 47.40.66.07
  Télécopieur: (1) 47.40.63.66
  Commandes: Tél.: (16) 38.32.71.00
                    Télécopieur: (16) 38.32.71.28
                    Télex: 780372

NICOLE BOUDREAU

Jeûner
pour sa santé

Le secret du
rajeunissement biologique

le jour,
éditeur

Données de catalogage avant publication

Boudreau, Nicole
    Jeûner pour sa santé: le secret du rajeunissement biologique
    Comprend des réf. bibliogr.

      1. Jeûne.   2. Jeûne — Cas, Études de.   3. Santé.
I. Titre

RM226.B68 1994   613.2'5   C94-940974-X

Dépôt légal: 3ᵉ trimestre 1994
Bibliothèque nationale du Québec

ISBN 2-8904-4531-3

À Jean Rocan,
qui m'a appris à faire confiance aux forces de guérison de l'organisme,
aux milliers de personnes que j'ai vu jeûner et qui m'ont tant appris,

et à Robert,
chez qui je me suis réfugiée pour écrire.

Préface

En 1981, Nicole Boudreau a fait un premier jeûne à la Ferme Rocan; elle s'est alors découvert un intérêt profond pour cette discipline et travaille depuis ce temps à l'étudier et à la promouvoir. Déjà bachelière ès arts, elle est retournée sur les bancs d'école pour obtenir un baccalauréat en biologie; le présent volume est inspiré tant de ses études que de ses connaissances acquises «sur le terrain».

En étudiant la biologie tout en supervisant des jeûnes, Mme Boudreau a pu allier étroitement la théorie à la pratique et justifier la discipline du jeûne à la lumière des théories de la biologie contemporaine.

Elle s'est par ailleurs dévouée à vulgariser ses connaissances et à les présenter dans un style accessible, coloré et souvent humoristique.

M'étant moi-même dévoué à l'enseignement de l'hygiène naturelle et du jeûne thérapeutique depuis soixante ans, je souhaite que ce livre ait une influence bénéfique sur le lecteur, qui pourrait y trouver une solution de rechange valable aux thérapies traditionnelles et médicamenteuses qui ne restaurent pas toujours l'état de santé. Je souhaite également que ce livre contribue à la mise en place d'une nouvelle médecine, fondée sur le principe fondamental qui régit la vie: l'être vivant est autonome et se guérit lui-même. La pratique du jeûne deviendra alors un procédé universellement reconnu et constituera la médecine de demain.

JEAN ROCAN,
biologiste

Avant-propos

Tous les livres qui parlent de jeûne laissent le lecteur perplexe: comment se sent-on quand on jeûne? Comment se déroule la vie quand on ne mange rien? Voilà deux des questions qu'il se pose immanquablement.

Par ailleurs, le jeûne est un sujet austère; il nous rappelle les semaines de carême et de privations qui suivaient le Mardi gras, sacrifices fort peu d'actualité dans le joyeux monde de consommation dans lequel nous vivons.

Pour alléger le sujet et pour que le lecteur puisse s'identifier à un jeûneur, des personnages nous relatent leur expérience tout au long du livre. Ces personnages, entièrement fictifs, sont inspirés des témoignages de milliers de jeûneurs que j'ai assistés et de mes propres expériences de jeûne. J'espère sincèrement qu'en les côtoyant, vous comprendrez mieux le jeûne, ou que vous vous reconnaîtrez dans leurs comportements si vous avez déjà expérimenté un jeûne.

CHAPITRE PREMIER

Une pratique millénaire

UN REPOS RÉPARATEUR

Le fond de l'air est paisible. Bien qu'il soit midi, la majorité des jeûneurs sont encore au lit. Aucun repas, ni aucune obligation sociale ou professionnelle ne viennent ponctuer leur journée. Même la faim manque au rendez-vous.

Quelques jeûneurs sont au salon; ils discutent de leur expérience à la clinique, partagent les bienfaits que leur procurent ces quelques jours d'abstinence et s'encouragent mutuellement.

Paul, qui participe à la conversation, explique qu'il jeûne pour arrêter de fumer et qu'à sa grande surprise, le sevrage du tabac se déroule sans difficulté. Il ne pense même plus à fumer, lui qui, il y a une semaine, grillait 40 cigarettes par jour. En jeûnant, il perd du poids et ses artères se dégraissent; sa hantise de faire de l'embonpoint en laissant le tabac est disparue.

Sa victoire sur la cigarette le satisfait; mais il a quand même hâte que le jeûne finisse.

Au même moment, Michelle rêvasse, allongée dans un grand lit. Lasse des petits matins blêmes et décidée de vieillir avec énergie, elle se paie un repos complet pour rajeunir et refaire sa santé. Son passe-temps: dormir. Son agenda de la journée: somnoler. Sa préoccupation du moment: s'enrouler lascivement dans ses draps à la perspective d'un après-midi de bâillements et d'étirements. Elle jeûne depuis quatorze jours sans peur et sans faim et elle en récolte un bienfait profond. En fait, elle se rend compte qu'elle n'a jamais changé aussi vite, aussi profondément. Elle constate qu'elle fait peau neuve, sans effort, juste en laissant la nature agir.

«Les maux proliférants des ventres pleins»

Les personnes qui jeûnent en établissement ne boivent que de l'eau pure et jeûnent pour une période de cinq à quarante jours. Cette façon de faire est certes inhabituelle pour nous, Occidentaux.

Bien que la table ait tué plus de gens que l'épée, on préfère manger plutôt que de jeûner; l'abstinence, même thérapeutique, est peu populaire au royaume de la consommation. Pourtant, comme l'a dit Louis-Ferdinand Céline, écrivain et médecin, notre société est aux prises avec les «maux proliférants des ventres pleins». La surabondance est la source principale de nos maux les plus cuisants et entraîne des coûts exorbitants.

Nous sommes malades d'être devenus trop «civilisés». Le foie gras et le Beaujolais, glorieux symboles du savoir-vivre, engorgent notre foie délicat. Nous sommes «évolués», mais mal portants! On appelle élégamment ces maux des sociétés riches les «maladies de civilisation».

Les survivants de la génération des 50 ans et plus vivent en trichant un peu: une petite pilule d'insuline pour digérer les mets abondants de la réussite sociale, ou des hypotenseurs pour mater un tempérament gourmand ou passionné. Depuis l'âge des dents de lait, nous courons tous les six mois chez le dentiste qui, à force de nous «fraiser» les dents, est devenu un ami de la famille. De nos dents naturelles ne subsistent que des parois d'émail fourrées au mercure et à l'étain.

Bien des femmes d'âge mûr n'ont plus d'utérus, plus de vésicule ni d'appendice, et tentent de conserver leur jeunesse en prenant des hormones. La génération des *baby boomers* qui leur succède n'a plus ses amygdales et 20 p. 100 de ce groupe issu de la forte natalité de l'après-guerre ont des difficultés à se reproduire.

D'autre part, le cancer est en nette progression: une personne sur trois en souffrira au cours de sa vie. Nous sommes devenus si familiarisés avec cette maladie que nous la croyons inévitable et «normale», au même titre que les troubles digestifs, les migraines à répétition, l'arthrite, les infarctus et les caries dentaires.

La maladie est devenue une institution rentable. Les rince-bouche, les désodorisants, les cosmétiques, les médicaments, les chirurgies et les dentiers sont des manies institutionnalisées pour rendre beaux les gens touchés par la maladie. Les milliers de produits offerts pour maquiller, calmer, amputer et droguer les corps intoxiqués nous sont offerts par la science, qui nous sauvera des «maux proliférants des ventres pleins», espère-t-on. Or malgré les progrès de la technologie, nous en sommes encore à l'usage de drogues pour soigner, c'est-à-dire calmer, les maux des gens malades.

Dans ce contexte de surabondance aliénante, comment parviendrons-nous à l'an 2000? Serons-nous dans le groupe des 33 p. 100 de la population qui souffrira du cancer? Deviendrons-nous des laboratoires vivants sur lesquels seront testés des médicaments prometteurs dont les effets secondaires, après usage, désenchanteront une fois de plus les consommateurs? Peut-on soigner les maladies de consommation des personnes suralimentées en favorisant une forme supplémentaire de consommation: celle des médicaments?

Selon Céline, les gens suralimentés devront, tôt ou tard, changer leurs habitudes ou crever à leurs frais. S'ils choisissent de changer, les suralimentés devront réapprendre à jeûner.

En fait, le jeûne est le retour du pendule: à l'abondance succède l'abstinence thérapeutique. Jeûner, c'est se reposer complètement pour corriger l'usure et demeurer énergique. Le corps à jeun s'affaire intensivement à des tâches de dépollution et de restauration de ses tissus, afin d'en tirer des nutriments à recycler.

Les estomacs ulcérés, les cartilages arthrosés, les reins lithiasiques, les poumons encrassés, le sang anémié, les artères athéroscléreuses, les peaux acnéeuses, les os poreux, les glandes déréglées ou les tissus enflammés se régénèrent pendant un repos de la vie active. En d'autres mots, quand nous jeûnons, notre organisme se répare, se guérit et redevient sain.

La personne qui jeûne pratique un exercice unique: elle se soigne et prend en main sa santé, au lieu de subir l'affliction et la piètre qualité de vie qui sont le lot des gens accablés par les «maux des ventres pleins».

Le jeûne: de Pythagore à Gandhi

Le Christ a jeûné quarante jours dans le désert. Les moines tibétains jeûnent tous les printemps pour se purifier des graisses accumulées pendant les hivers rigoureux des montagnes. Certains prisonniers politiques jeûnent pour afficher publiquement leur cause. Des immigrés utilisent ce moyen pour obtenir de meilleures conditions d'intégration sociale.

En Occident, les jeûneurs les plus connus sont les personnages de la Bible. On sait que Jésus a jeûné avant d'entamer sa vie publique, que Moïse a jeûné quarante jours avant de recevoir les Tables de la Loi et que le prophète Élie a jeûné afin de se mettre à l'écoute de son destin et de la volonté divine.

Mais on a toujours craint d'imiter Jésus, Moïse et Élie, bien que ces jeûnes spirituels, faits dans le but de purifier le corps et l'âme, aient marqué la destinée humaine.

À l'apogée de la civilisation grecque, le jeûne était pratiqué pour stimuler l'intelligence et éclaircir les idées.

Le mathématicien Pythagore (vers le VIe siècle av. J.-C.) a jeûné quarante jours avant de passer ses examens à la fameuse École d'Alexandrie, afin d'affiner sa lucidité intellectuelle et d'améliorer sa vigueur physique. Les réussites de Pythagore furent telles qu'il exigea la même ascèse de ses disciples, après avoir fondé sa propre école. L'école de Pythagore est à l'origine de l'usage des tables de multiplication, du système décimal et du fameux théorème du carré de l'hypothénuse.

Quelques siècles plus tard, Socrate (de l'an 470 à l'an 399 av. J.-C.), découragé par la décadence du monde qui l'entourait, décida, à 40 ans, de travailler à la conversion morale de ses concitoyens en redressant leur intelligence: par l'art du dialogue, Socrate mettait continuellement en question le monde, afin de détruire les préjugés, de sortir des sentiers battus et de découvrir avec réalisme et objectivité une pensée nouvelle, basée sur la vertu, la maîtrise de soi et la sagesse. Il faisait régulièrement des jeûnes de dix jours, afin d'améliorer son raisonnement philosophique. Ses succès dérangeaient le pouvoir en place, qui le condamna à mort et l'obligea à boire la ciguë.

Platon, qu'on étudie encore dans les collèges, jeûnait, comme son maître Socrate, afin d'aiguiser sa lucidité et sa ferveur philosophique. Il mourut à 81 ans, un âge fort respectable pour l'époque (en l'an 348 av. J.-C.), après avoir produit ses *Dialogues,* qui demeurent de précieuses analyses sur les valeurs intellectuelles et morales de la civilisation grecque.

Quelques siècles plus tard, la civilisation judéo-chrétienne prit forme à partir des enseignements de Jésus. Avec la fondation de l'Église, le jeûne devint un exercice de purification qu'effectuaient les moines et les saints désireux de sublimer la chair. Cette vision austère, qui consistait à réduire le corps en servitude, connut son apogée pendant les IVᵉ et Vᵉ siècles de notre ère. Il s'agissait de «brider la folie du ventre» et de repousser les démons.

L'esprit expiatoire et sacrificiel rattaché à cette forme de jeûne porte encore ombrage à l'exercice du jeûne dans nos sociétés contemporaines, davantage portées vers le plaisir que la mortification. Rajoutons cependant que, même expiatoire, le jeûne produisait ses effets; saint Athanase, un patriarche de l'Église du IIIᵉ siècle, disait que le jeûne sacrificiel guérit les malades, dessèche tout écoulement morbide du corps. Il rend l'esprit plus clair et purifie le cœur. Il sanctifie le corps et transporte l'homme sur le trône de Dieu. Et saint Jean Chrysostome, un docteur de l'Église qui pratiquait l'ascèse (de l'an 349 à l'an 407 ap. J.-C.), déclara qu'après le jeûne, il pouvait lire les parchemins, car, disait-il, Dieu avait récompensé son sacrifice en améliorant sa vue.

Au Moyen-Âge, on entreprit des jeûnes dans le but d'élever le corps et l'âme vers la vérité et la pureté divines. Saint Thomas d'Aquin, dont la pensée a été instituée philosophie officielle de l'Église par Léon XIII, et saint Ignace de Loyola, le fondateur des Jésuites dont les préceptes spirituels inspirent bon nombre de chrétiens, pratiquaient le jeûne afin de vivifier leur âme et leur esprit.

De nos jours, certains peuples se soumettent chaque année à une cure printanière. Les Hounzas, dans les montagnes de l'Himalaya, n'ont plus de réserves de nourriture à la fin de l'hiver. Ils se nourrissent de jeunes pousses et d'herbages en travaillant aux champs pour préparer les nouvelles récoltes. Ils maigrissent abondamment, se détoxiquent et vivent centenaires.

Le carême religieux s'inspirait sûrement des rythmes saisonniers de la nature. Chez les chrétiens, sa pratique s'est transformée au cours des siècles, pour aboutir à l'abstinence volontaire de viande le vendredi. Le ramadan, ce «carême» musulman au cours duquel les croyants doivent s'abstenir de manger du lever au coucher du soleil, a lui aussi perdu ses vertus purificatrices puisque le jeûne prend fin dès que la nuit tombe.

C'est probablement Gandhi qui, au XXe siècle, a ramené la pratique du jeûne à l'attention de la terre entière, grâce à l'avènement des communications de masse. De fait, tout le monde sait que Gandhi jeûnait pour instaurer la paix dans son pays. Par le jeûne, il cherchait également à purifier son corps et son esprit. En fait, Gandhi s'intéressait autant à la santé et à l'éducation qu'à la politique, et il donnait l'exemple.

L'ascèse de Gandhi devint une force de changement incroyable, dans un pays complexe dominé par une nation étrangère, puis en proie à de graves troubles internes entre clans hindous et musulmans. Lorsque Gandhi est mort assassiné à l'âge de 78 ans, son corps avait la force et la santé d'un corps de 40 ans.

Les précurseurs du jeûne thérapeutique

Aujourd'hui, des chercheurs tentent de ranimer la pratique du jeûne dans le but d'en faire une thérapie, un mode de vie. Et, comme bien des découvertes scientifiques, c'est le hasard ou quelques heureuses distractions qui ont mis en lumière l'effet bienfaisant du jeûne.

En 1830, le Dr Isaac Jennings, un médecin américain, soignait une jeune fille atteinte du typhus; sa patiente étant très souffrante, même la prise de médicaments s'avérait dangereuse. Le Dr Jennings se résigna à l'«abandonner» à son sort, après avoir recommandé de lui faire boire de l'eau pure et de la laisser au repos. À sa grande surprise, la jeune fille prit du mieux et se rétablit complètement du typhus.

Troublé par ce cas de guérison spontanée, le médecin en déduisit que le corps, dans sa sagesse, travaille avec dynamisme à son propre rétablissement et qu'il ne faut pas aller à l'encontre de ses «intentions». Il observa que la vie s'exprime d'après des lois d'économie d'énergie, en faisant usage de la vitalité de la manière la plus constructive. «Ne rien faire» et «laisser le corps combattre la maladie» devinrent donc les prémisses de la médecine du Dr Jennings. Pour rassurer ses patients, il leur donnait des pilules de pain et de l'eau colorée; par l'usage de placebos, il pouvait observer ses malades sans que ces derniers ne se méfient de son «laisser-faire».

Le Dr Jennings obtint des succès phénoménaux, et après vingt années d'«imposture», il confessa, pour soulager sa conscience, le secret de ses réussites: l'usage illusoire de placebos et sa conviction profonde que le corps se guérit lui-même. Ses aveux lui firent perdre sa clientèle. Les malades qui ne croyaient pas que le corps peut se guérir lui-même allèrent chercher leur prescription ailleurs. Il y a fort à parier que le même phénomène de méfiance se produirait aujourd'hui.

Isaac Jennings mourut dans l'oubli, après avoir publié quelques livres sur la réforme de la médecine, la régénération de l'organisme et la philosophie de la vie humaine. Il s'appliqua à définir le sens et la finalité du travail physiologique dans tout organisme. Au lieu de considérer le corps comme un appareil que le mécanicien devait régler, il professait que l'organisme était doué du pouvoir de s'autorégénérer.

Vers 1900, le Dr John Tilden fit, par «distraction», la même découverte que le Dr Jennings. Ce médecin, également américain, était un homme occupé et préoccupé; il en oubliait ses médicaments et se présentait chez ses patients les mains vides, sans pouvoir administrer les médicaments d'usage.

Mais, à sa grande surprise, ses oublis répétés firent de l'effet: les patients qui n'étaient pas sous médication se remettaient plus vite et mieux que les patients traités aux médicaments.

> Je trouvais invariablement mes malades en meilleur état. [...] La vérité est que l'amélioration était plus grande quand j'oubliais mes drogues que lorsque je les donnais. Finalement, je chargeai mon fusil de cartouches à blanc — des tablettes de sucre — et je donnai ces prétendus remèdes aux malades, jusqu'à ce que j'évoluai mentalement pour comprendre que même les pilules de sucre étaient nocives. En effet, ces pilules à blanc faisaient croire aux malades que l'amélioration leur était due. Voici le mal perpétré contre les malades lorsqu'on attache l'idée curative à n'importe quoi[1].

---

1. En collaboration, (articles compilés par Pierre Normandeau), *Encyclopédie de médecine hygiéniste*, Québec, Informatek, 1985, p. 59.

L'usage des placebos permit au Dr Tilden d'observer étroitement les réactions naturelles de défense de l'organisme malade.

Après plusieurs années de pratique, il ouvrit deux écoles de santé où il enseigna que la toxémie, c'est-à-dire l'encombrement des tissus par des sous-produits métaboliques retenus à la suite de l'énervation (excès de fatigue, épuisement nerveux), était la cause de toutes les maladies.

Les écoles de santé du Dr Tilden attirèrent les foules, mais le médecin lui-même demeura un marginal et un hérétique aux yeux de ses contemporains. Ses écoles ne lui survécurent pas, mais ses écrits demeurent aujourd'hui une source d'inspiration pour les professionnels de l'hygiène naturelle. Le concept de la toxémie, défini avec brio par le Dr Tilden, est toujours utilisé pour définir l'état maladif de l'humain. Dans le langage contemporain, on parle de radicaux libres, de scories, de matières inertes, de déchets azotés et de virus. Mais il s'agit toujours de l'engorgement des cellules et des tissus par des agents toxiques qui entravent le fonctionnement de l'organisme.

Les autres pionniers de l'hygiène naturelle du XIXe siècle étaient, pour la plupart, des médecins malades et impuissants à se guérir par la thérapeutique allopathique. Connaissant les limites de la science médicale, les médecins américains Russell Trall, William Alcott et James Jackson et les médecins canadiens Robert Walter et Robert Jackson cherchèrent d'autres moyens de se guérir.

De ce groupe, le Dr Trall fit figure de proue: après douze années de pratique de la médecine, il rejeta les méthodes médicales qu'il avait apprises. L'expérience médicale traditionnelle le décevait et lui confirmait que, somme toute, un médicament est un poison.

Il ouvrit une maison de santé à New York près d'un hôpital achalandé et y recueillit les cas désespérés, qu'il soignait en appliquant les facteurs naturels de santé et en excluant totalement l'usage des médicaments. L'eau pure et le repos constituaient ses seules ordonnances car, disait-il, ce qui est bon pour l'homme en santé l'est aussi pour l'homme malade. Il obtint des résultats spectaculaires qui l'amenèrent à fonder, en 1853, un collège pour former des praticiens hygiénistes qualifiés. La Faculté hygiéniste de New York, reconnue par l'État, délivra plusieurs centaines de diplômes.

Le Dr Trall était tellement persuadé que la médecine fondée sur l'hygiène naturelle remplacerait totalement la médecine classique qu'il se mit à lancer des défis aux médecins sur la place publique. Les médecins demeurèrent muets, mais la méthode de Trall se propagea. Herbert Shelton, un émule des Drs Trall et Tilden, devint au XXe siècle le penseur du mouvement hygiéniste.

Le jeûne moderne

L'américain Herbert Shelton, physiologiste, hygiéniste, écrivain et chercheur, a accompli une formidable synthèse des découvertes de tous ses prédécesseurs et mené la pratique du jeûne sur la voie du modernisme.

Il a consacré sa vie à la recherche d'une «médecine sans drogues», entièrement naturelle, exclusivement basée sur la capacité que possède chaque organisme de se réguler, de se guérir et de se régénérer.

Shelton a donc approfondi et étudié, à travers les 60 000 jeûnes qu'il a supervisés, les réactions de défense, de détoxication et de régénération déployées par le corps à jeun; il a écrit une trentaine de livres et dirigé, pendant trois décennies, une revue entièrement consacrée à l'hygiène naturelle.

Shelton a travaillé d'arrache-pied à propager et à enseigner la science de l'hygiène naturelle. Il a fondé, au fil des ans, quatre écoles de santé, y engloutissant tous ses avoirs et toutes ses énergies. Il y a même englouti sa santé, le surmenage étant la première cause de la maladie de Parkinson qui a ravagé ses dernières années de vie. Le dur labeur de Shelton a finalement été contesté par la justice américaine, alertée par le décès d'une personne très malade qui avait préalablement jeûné, et dont la famille avait attribué le décès au jeûne. Shelton et son assistante, Virginia Vetrano, ont été condamnés, après appel, à une amende de 890 000 $. La dernière école de santé de Shelton, à San Antonio, au Texas, a été liquidée pour rembourser cette amende. Ruiné et miné par la maladie de Parkinson, le physiologiste s'est retiré avec sa famille, à 85 ans, pour goûter une retraite méritée et agrémentée de nombreux témoignages de reconnaissance de ses patients d'autrefois, dont la santé fut régénérée par l'exercice du jeûne.

Shelton est décédé en 1985, à l'âge de 90 ans, mais son œuvre prolifique lui a survécu. Des livres tels que *Le jeûne, Les combinaisons alimentaires et votre santé, La voie hygiéniste, Tumeurs et cancers* sont traduits en plusieurs langues et distribués à travers le monde entier. Des centres de jeûne ont essaimé partout à travers le monde.

De nos jours, aux États-Unis, une dizaine de centres de jeûne, groupés sous l'égide de la Société américaine d'hygiène naturelle, procurent un encadrement professionnel aux adeptes de cette pratique.

En Europe, une association médicale pour le jeûne thérapeutique regroupe 50 médecins allemands, autrichiens et suisses allemands, tous affiliés à des centres de jeûne. En France, le Dr Paul Carton, le Dr André Passebecq, Albert Mosséri et Désiré Mérien propagent et enseignent les vertus de la science hygiéniste. En Allemagne, le Dr Otto Buchinger a relancé la pratique du jeûne; il a été imité, en Suisse, par le Dr Ernest Bauer et, en Angleterre, par le Dr Keki Sidwa. En Italie, quelques médecins ont fondé des centres de jeûne, et le gouvernement s'apprête à les appuyer légalement.

On trouve également des maisons de jeûne en Espagne, en Russie, en Australie et en Argentine, pour ne nommer que quelques pays.

Au Canada, c'est le biologiste Jean Rocan qui a été l'un des pionniers de cette discipline thérapeutique. Il a fondé en 1975 une maison de repos sur une ferme des Cantons de l'Est. Il y accueille aujourd'hui encore les personnes désireuses d'expérimenter cette méthode pour améliorer leur santé.

À ce jour, plus de 8 000 personnes y ont pratiqué des jeûnes pour une période allant de trois à soixante jours, selon les principes de l'hygiène naturelle.

J'ai moi-même été formée par Jean Rocan. Après avoir fait un jeûne de quatorze jours à sa ferme, en 1981, j'ai offert mes services pour apprendre les rudiments de cette pratique. Étant déjà bachelière en communications, j'ai repris mes études universitaires, en biologie cette fois, pour apprendre la physiologie humaine et comprendre les réactions physiologiques que j'observais chez les personnes en jeûne. Cela m'a permis de rattacher la théorie à la pratique et de vérifier par la science les hypothèses des hygiénistes.

J'ai été témoin de plus de 6 000 jeûnes et j'ai jeûné moi-même une quinzaine de fois.

Il existe malheureusement peu d'études scientifiques contemporaines sur le jeûne, à part des allusions fréquentes mais non exhaustives dans divers livres de physiologie ou de diététique. L'étude la plus complète que je connaisse est la thèse de doctorat du Dr Michel Duvernay-Guichard, présentée en 1985 à l'Université de Grenoble, en France. Même si sa thèse n'a pas pour véritable objectif de démontrer les effets thérapeutiques du jeûne, on y trouve des données complètes sur les processus physiologiques liés à cette pratique. J'ai également assisté à une commission parlementaire sur le jeûne thérapeutique tenue en Italie en avril 1991, qui rassemblait des médecins italiens, allemands, suisses et anglais, experts dans le domaine. On retrouvera les données présentées à cette commission tout au long du présent ouvrage.

Bien que le jeûne soit pratiqué dans de multiples pays, ce sont toujours des petits groupes isolés qui en font la promotion. Comme chacun se défend plus ou moins en solitaire dans son pays, la «cause» ne se développe pas aussi rapidement que prévu. Le manque de financement et la suprématie des corporations médicales nationales constituent des embûches malheureuses à l'approfondissement scientifique et à la pratique du jeûne. En fait, ce ne sont pas les études scientifiques qui encouragent le jeûne, mais le bouche à oreille. On jeûne toujours parce qu'on connaît quelqu'un qui en a retiré des bienfaits remarquables; la rumeur circule et fait son chemin.

Le jeûne est une halte pour régénérer notre corps surmené. Je pratique moi-même le jeûne quand je suis à bout, nerveuse et fatiguée et que mon organisme essoufflé m'envoie des signes très nets de toxémie (de la lassitude, des problèmes digestifs, une frilosité anormale, un teint brouillé, une baisse de la qualité du sommeil, et une sensation psychologique que tout est devenu difficile parce que la fatigue est pesante...). J'en ressors toujours avec une énergie renouvelée; je ressuscite chaque fois de tous mes stress et de toutes mes fatigues.

Pour moi, le jeûne est un abonnement à vie. C'est ma médecine, ma retraite, mon temps de répit et ma cure de vitalité.

CHAPITRE II

Une cure de rajeunissement

MICHELLE A DES ULCÈRES

En bouquinant, Michelle feuillette un livre sur le jeûne. «Les gens sont prêts à faire n'importe quoi pour maigrir», se dit-elle. Elle imagine des personnes obèses tiraillées par la faim, mais que le désarroi pousse à la privation suprême: le jeûne intégral. Michelle a bien quelques kilos en trop, mais elle n'est pas motivée à faire un exercice aussi draconien pour s'en débarrasser. Vivement le chocolat et le café corsé! C'est plus excitant et tellement délicieux.

Quelques mois plus tard, après une fête de Noël copieuse, Michelle se réveille en sursaut à 3 h, en proie à de lancinantes brûlures à l'estomac; pour soulager son mal, elle fouille dans sa pharmacie à la recherche d'un remède. Elle boit une substance laiteuse qui apaise son malaise, mais elle se rendort avec une vague sensation de lourdeur à l'estomac. C'est en cette mémorable nuit de Noël que Michelle a inauguré sa vie de femme ulcérée et insomniaque.

Après des mois de malaises persistants et d'espoirs de guérison déçus, Michelle se sent découragée. Elle se rend compte que la consommation de calmants la soulage temporairement sans la guérir. Son mal est tenace et insidieux. Elle craint de devoir prendre des médicaments toute sa vie.

Un jour, elle se rend au restaurant avec Sylvie, une collègue de bureau. Au menu: fritures, sauces au vin et viandes épicées; bref, des choix qui conviennent peu à son estomac. Michelle hésite, puis se décide pour un potage. Elle confie à sa compagne que tous ces aliments sont bien tentants, mais que ses problèmes de digestion réduisent passablement ses choix alimentaires.

Sylvie s'empresse de lui parler d'une solution qui peut la guérir: le jeûne. Michelle est sceptique… Elle connaît peu de cette pratique qu'elle juge trop draconienne. Sylvie ne partage pas cette opinion; elle s'est rendue à deux reprises dans une maison de jeûne pour se reposer et pour soigner des migraines récurrentes. La réussite, affirme-t-elle, a été totale.

Michelle reste silencieuse. Plusieurs objections lui viennent en tête. D'abord la faim, qui doit être insupportable. Elle ressent peu la faim à cause de ses problèmes à l'estomac, manger la stresse, la dégoûte même parfois. Mais il faut bien manger, pense-t-elle, c'est essentiel à la vie.

Sa collègue a tôt fait de la rassurer: ce sont nos kilos en trop qui nous nourrissent pendant le jeûne. De toute façon, ajoute-t-elle, le personnel des maisons de jeûne guide les visiteurs et les informe de toute contre-indication à cette pratique. Puis, durant le jeûne, la faim s'apaise.

Un jeûneur «compétent» ne ressent pas la faim. Mais ce goût pour le jeûne ne cache-t-il pas une tendance à l'anorexie? Sylvie, qui est bien prise et rougeaude, ne souffre d'aucun désordre alimentaire. Elle a jeûné pour sa santé, affirme-t-elle, et non pas pour protester contre la vie. Les personnes anorexiques se privent de manger à longueur d'année; dans une maison de jeûne, l'arrêt de nourriture ne dure que quelques jours. Sur ces paroles, elle promet à Michelle le dépliant sur le centre de jeûne qu'elle fréquente à l'occasion.

Le dépliant en main, Michelle réfléchit à ce que Sylvie lui a dit et décide d'approfondir par la lecture ses connaissances sur le sujet. Elle y découvre que le corps se guérit lui-même quand on le repose complètement. Décidée de se prendre en main, elle réserve une chambre dans la maison de jeûne que Sylvie lui a recommandée. Elle s'y reposera beaucoup, et elle veut sincèrement se débarrasser de son mal.

La journée de son départ, Michelle sourit patiemment en écoutant les commentaires ironiques de ses proches. «Tu ne tiendras pas deux jours, tu auras trop faim», lui prédit-on. «Quand tu reviendras, on mettra la table», lui annonce son amoureux: une entrée au saumon fumé, un gigot d'agneau farci et une mousse à la framboise.

Mais Michelle sait, grâce à la lecture, que ce ne sera pas nécessaire: après son jeûne, elle suivra un menu de transition composé de fruits frais et de légumes crus.

Elle s'attendait vaguement à certaines moqueries, mais face à l'opposition railleuse qu'elle rencontre, elle décide de se taire et de se préparer discrètement. Ce qu'elle veut ardemment, c'est recouvrer la santé. Le jeûne, elle y croit intuitivement; elle se sent attirée par cette démarche.

PAUL DÉSIRE CESSER DE FUMER

Chaque matin au lever, Paul tousse «creux» et se sent fatigué, déprimé de commencer une nouvelle journée. Il allume sa première cigarette, et l'inhalation de la nicotine coupe sa toux, le réveille et lui «remet les idées en place». C'est le tabac qui régit la vie et les humeurs de Paul, mais c'est également le tabac qui agite ses nuits.

Paul se réveille souvent au milieu de la nuit: il sent son cœur battre vite et de façon irrégulière. Il grille alors une cigarette pour calmer son angoisse et s'enfumer l'esprit, mais il ne réussit pas toujours à se rendormir; le plus souvent, il reste allongé dans le noir, sans bouger, avec des sentiments sombres comme distraction.

Paul camoufle bien l'angoisse de ses nuits brisées, jusqu'au jour où son frère cadet, fumeur invétéré, meurt des suites d'une insuffisance cardiaque. «Ils sont donc réels, ces dangers décrits sur les paquets de cigarettes», se dit Paul en regardant ses doigts jaunis et le cendrier qui le suit partout.

Pour la première fois de sa vie, Paul admet que la cigarette pourrait écourter ses jours. Malgré sa révolte contre les prêcheurs zélés de l'antitabagisme, il prend la résolution de cesser de fumer. Il se souvient alors qu'un collègue lui a affirmé avoir arrêté de fumer en jeûnant.

Sans prendre le temps de se documenter sur le sujet, Paul téléphone à la clinique de jeûne en vue d'y séjourner quelques jours. On lui affirme qu'il est très facile d'arrêter de fumer en jeûnant. Paul, encore un peu sceptique, réserve sa chambre.

En dévalant la route qui le mène à la campagne, Paul mâchouille quelques jujubes et fume à plein régime. Au village, il s'arrête à un casse-croûte pour y manger ses dernières frites, qu'il avale la gorge nouée. Il se sent tout drôle: sa cigarette a bon goût, et la privation qui l'attend le rend nerveux. C'est ennuyeux de devenir sage…

Paul soupire et se raisonne: ce n'est pas le temps de changer d'idée. Après tout, il a parcouru une centaine de kilomètres pour cesser de fumer, et puis, sa conjointe le taquinera pendant des mois s'il revient chez lui la cigarette aux lèvres.

En arrivant à la maison de jeûne, il écrase sa dernière cigarette après l'avoir grillée goulûment et passionnément. Il s'extirpe de sa voiture enfumée, et se sent étourdi par l'air frais de la campagne. Encore indécis, il appuie sur la sonnette de la maison. Une cigarette le calmerait, mais il n'en a plus.

La dame qui l'accueille cordialement lui fait visiter la maison et lui montre la chambre qu'il occupera: un lit douillet, des oreillers bombés, un fauteuil confortable. La fenêtre ouvre sur une vue imprenable sur la campagne environnante. Paul s'installe en attendant de rencontrer la superviseure. Il devine qu'il aura enfin la paix et qu'il disposera de tout son temps pour réfléchir à son avenir.

Un recyclage du corps

On jeûne en se privant complètement de nourriture; on ne mange rien, on ne fume pas et on boit de l'eau à volonté.

Le jeûne intégral n'est pas un régime hypocalorique, une cure de fruits ou une diète liquide; aucune vitamine, aucun sucre, encore moins des protéines ou des gras, ne sont consommés. On jeûne pour vrai: on ne mange absolument rien.

Il s'agit d'une cure qui peut paraître étonnante. N'a-t-on pas tous en mémoire les paroles réconfortantes d'une grand-mère aimante qui nous disait: «Mange un peu, ça va te remonter.» Plusieurs personnes croient qu'elles deviendront faibles ou malades si elles ne mangent pas. Et voilà que le jeûne est présenté comme une thérapie! Pourquoi?

En jeûnant, on cesse d'apporter au corps des aliments; le corps doit donc développer une nouvelle stratégie pour avoir de l'énergie, car il est en quête continuelle de carburant et de matériaux pour survivre. Sa stratégie est de se tourner vers ses réserves: il fouille dans tous ses tissus pour y inventorier les gras, les protéines, les vitamines et les minéraux en réserve qu'il peut utiliser sans se nuire.

Il recense et désintègre ses tissus usés, endommagés ou excédentaires, en recycle les matériaux réutilisables et en élimine les déchets malsains. On appelle autolyse, parfois autophagie, ce processus de désintégration des tissus usés, endommagés ou excédentaires. Les tissus malades désintégrés sont remplacés par des tissus neufs que l'organisme synthétise lui-même. Qui dit autolyse dit donc rajeunissement.

En somme, le corps «se mange lui-même» pour se régénérer. C'est un processus surprenant, mais incontournable. Notre corps ne pourrait construire des tissus neufs sans éliminer au préalable ses tissus croulants: on ne bâtit pas du neuf sur du vieux. Qui plus est, le corps recycle les composantes des tissus qu'il autolyse, et s'en nourrit. C'est du recyclage écologique à son meilleur!

Selon Christian DeDuve, prix Nobel de biologie:

> L'autophagie [autolyse] reste une réponse cellulaire primordiale au manque de nourriture chez la plupart des organismes actuels, chez lesquels elle est stimulée par des hormones comme le glucagon qui mobilisent les réserves de l'organisme. Mais il est clair que la nécessité de se sustenter ne suffit pas à expliquer le renouvellement continuel et intense des constituants des cellules qui, la plupart du temps, sont abondamment nourries [...] Grâce au renouvellement, les cellules remplacent continuellement leurs constituants par d'autres nouvellement synthétisés et réalisent ainsi quelque chose de très proche de la jeunesse éternelle[2].

Le corps en jeûne se livre donc à une vaste opération de rénovation afin d'extraire de ses structures usées et endommagées des substrats qu'il recyclera pour s'en nourrir.

Outre la stimulation de l'autolyse des tissus, le jeûne accélère le nettoyage des vaisseaux, des cellules et du milieu dans lequel elles baignent (le milieu interstitiel). Les mauvais gras, les déchets chimiques, les cristaux d'acide urique et les résidus du travail des cellules qu'entraîne le surmenage sont digérés par les

---

2. Christian DeDuve, *Une visite guidée de la cellule vivante*, Bruxelles, De Boeck Université, 1987, p. 70.

cellules en recherche de nutriments, et recyclés. Les toxines non recyclables sont simplement neutralisées, puis éliminées.

En somme, le jeûne est une séance intensive de réparation et de décrassage de l'organisme. Dans notre vie de tous les jours, nous mangeons et assimilons des aliments régulièrement. En jeûne, le corps n'assimile plus: il désassimile et élimine à temps plein ses réserves, ses déchets, ses tissus endommagés. Il investit ses énergies dans la mise à jour de toutes ses fonctions biologiques et se répare.

Le jeûne fait donc contrepoids au surmenage de la vie moderne. Le repos qu'il procure assure le rééquilibre de notre métabolisme excédé par le surmenage, la surconsommation et la chimification de l'environnement.

Le corps se guérit lui-même

Le jeûne est un temps de repos: pendant le repos, les activités réparatrices de l'organisme sont exaltées.

L'organisme se régénère à tous les niveaux:
• chaque cellule se guérit elle-même;
• notre organisme se rééquilibre grâce à ses capacités d'ajustement au changement (homéostasie);
• il se défend grâce à une fabuleuse armée de cellules spécialisées.

Chaque cellule se guérit elle-même

Le corps est habité de milliards de cellules, qui y naissent, y grossissent, y travaillent et y meurent, à chaque heure. Les estimations diffèrent, mais on recense environ cent quatrillions de cellules qui grouillent de vie et accomplissent des échanges complexes et coordonnés.

Bien qu'elle soit pleine de vie, une cellule est invisible à l'œil nu; si on la grossit mille fois, on la discerne enfin, grosse comme un pois. Ce monde de l'infiniment petit est souvent déconcertant pour qui ne l'a jamais fréquenté; mais c'est à ce niveau que se déroule et s'exprime la vie.

Chaque cellule qui vit en nous participe, par son travail, à la survie de notre corps. Quand nous disons, par exemple, que le foie sécrète la bile, ce sont en fait les millions de cellules du foie qui sécrètent chacune leur gouttelette de bile pour fournir, par la force du nombre, le volume de bile suffisant à la digestion intestinale. Quand les muscles se contractent, ce sont en fait les milliers de cellules des muscles qui se contractent.

Quand on émet le concept que le corps se guérit lui-même, on se base d'abord sur la capacité qu'a chaque cellule de se guérir elle-même, lorsqu'elle est endommagée par des agents toxiques, par la chaleur, par des radiations ou par d'autres traumatismes.

Pour se réparer, la cellule démantèle et se nourrit de ses propres parties endommagées en les digérant. Après avoir défait ses propres structures croulantes, elle les reconstruit avec des matériaux neufs et sains. Le biologiste Christian DeDuve décrit bien ce phénomène:

> Au fil des années, les cellules ont détruit et reconstruit des centaines, voire des milliers de fois, la plupart de leurs molécules constitutives — et même, pour certaines, plus de 100 000 fois [...] Les cellules détruisent et reconstruisent continuellement leurs constituants, à une vitesse remarquablement rapide. Elles ressemblent un peu à ces maisons anciennes qui ont exactement la même apparence que lorsqu'elles furent construites mais qui, à la suite de nombreuses restaurations, n'ont pratiquement plus aucune de leurs vitres ou de leurs tuiles d'origine, ni même de leurs briques ou de leurs planchers. Mais, ce qui, pour une maison, met des siècles à se réaliser, n'est qu'une question de jours pour une cellule vivante[3].

Nos cellules troquent leurs parties usées pour des parties neuves à un rythme fort dynamique. Il en résulte des phénomènes intéressants.

Les cellules et la matière osseuse de notre squelette se régénèrent tous les trois mois; la peau qui nous recouvre est entièrement renouvelée chaque mois, qu'il y ait blessure ou pas. Les cellules qui tapissent l'intérieur de notre tube digestif, de la bouche à l'anus, sont remplacées chaque semaine. Lors de chirurgies expérimentales, où l'on a sectionné les 7/8 du foie, on a constaté que le foie se régénérait complètement.

---

3. *Ibid.*, p. 71.

Les cellules du cerveau sont présentes depuis la naissance, mais la plupart de leurs constituants sont âgés de moins de un mois. Même nos gènes se régénèrent, en échangeant un morceau usé contre une pièce de rechange.

Nos cellules sont continuellement actives; elles s'adaptent, se réparent, se reproduisent. Si une cellule est trop endommagée ou usée pour survivre, elle libère des enzymes destructrices dans son espace intérieur et elle s'euthanasie. Les résidus de la cellule morte sont ramassés par des cellules itinérantes, appelées «macrophages», qui font place nette et nettoient ces résidus en les digérant. La cellule disparue est remplacée par une cellule-fille produite par d'autres cellules du tissu. Dans certains tissus (par exemple, dans le système nerveux), les cellules ne se reproduisent pas; les cellules voisines effectuent alors le travail laissé en plan par la cellule disparue.

Lorsqu'on jeûne, chaque cellule accélère l'autolyse de ses composantes usées et endommagées pour s'en nourrir: elle se régénère en éliminant ses structures usées. Bref, elle rajeunit.

L'organisme orchestre sa propre guérison

La guérison se produit au niveau de chaque cellule, puis au niveau de l'ensemble du corps.

Nos cellules vivent en groupe; notre corps est donc une société de cellules qui coordonnent leurs activités dans le seul but de former un organisme sain.

Le premier principe qui régit notre communauté cellulaire est l'altruisme complet et désintéressé de chaque cellule, qui n'existe que pour servir l'ensemble. Chacune est entièrement dévouée à cette fonction: toutes pour un, un pour toutes. Elle se reproduit si le corps le commande, elle fabrique des composés selon les besoins du moment et coordonne son travail à celui des autres cellules. La parfaite coopération entre chacune est primordiale: en travaillant ensemble, les cellules se rendent mutuellement service et en arrivent à maintenir un milieu idéal au sein duquel elles peuvent survivre.

Le corps, un milieu en équilibre

À l'intérieur du corps humain, les cellules baignent dans un milieu liquide. Elles y puisent les nutriments, les minéraux, les vitamines, les ions inorganiques, les métabolites, bref, toutes les substances dont elles ont besoin pour survivre.

Notre «société» de cellules a prévu des mécanismes pour conserver son milieu nourricier riche et équilibré: c'est le phénomène de l'homéostasie, qui signifie que notre organisme maintient ses paramètres biologiques constants. Malgré les variations de notre alimentation, notre milieu interne se maintient égal à lui-même et propice à la survie des cellules; les concentrations sanguines de minéraux, de vitamines, de gras, de sucres demeurent sensiblement les mêmes. Sans ce phénomène de l'homéostasie, nous aurions un sang sirupeux après avoir mangé du gras, et un sang liquéfié après avoir bu une rasade d'eau.

De nombreuses glandes (les parathyroïdes, le pancréas, les surrénales et les glandes sexuelles, par exemple), l'hypophyse, le système nerveux ainsi que le foie et les reins participent à l'homéostasie. Cet équilibre se maintient évidemment pendant le jeûne: l'homéostasie est à la base même de notre pouvoir d'autoguérison, car elle exprime la tendance de l'organisme à se réajuster continuellement, pour assurer l'équilibre permanent de notre milieu intérieur.

Le corps se défend

Une armée de cellules défend notre corps contre les virus, les poussières, les produits chimiques ou les bactéries. Ces cellules spécialisées se transportent par la circulation sanguine et délogent les agents pathogènes dans tous les tissus de l'organisme.

Les cellules de défense utilisent diverses techniques pour détruire les agents pathogènes; certaines cellules agissent comme des pieuvres; elles déploient de longs tentacules pour entourer et engloutir le déchet ou la bactérie nuisible. Ces cellules, appelées macrophages, rampent vers le lieu de l'infection et peuvent y engloutir 100 bactéries ennemies avant d'être repues. D'autres cellules se spécialisent dans la chasse aux virus: ce sont les lymphocytes B qui fabriquent des anticorps pour détruire les virus.

Certaines cellules de défense détectent les cellules cancéreuses, les cellules mutées par des virus ou les cellules étrangères des organes greffés. Ce sont les lymphocytes T, qui sont également les agents de notre mémoire immunitaire; quand notre organisme a déjà combattu un virus ou un autre agresseur, il s'en souvient toute sa vie.

Le foie possède sa propre armée de cellules de défense: les cellules de Kuppfer, placées en permanence dans les canaux du foie, détruisent les agresseurs introduits par la voie sanguine ou par la voie digestive. De leur côté, les poumons sont dotés de «cellules à poussière» pour nettoyer les alvéoles. Quant au cerveau, les cellules gliales en assurent l'entretien et la défense.

On trouve des cellules de défense dans la paroi du tube digestif. Certaines cellules sont regroupées dans de petits sacs, les ganglions lymphatiques, placés près de tous les orifices du corps par lesquels un agresseur pourrait s'introduire; la gorge, les poumons, le système digestif et l'appareil uro-génital regorgent de ganglions prêts à détruire les envahisseurs.

Certains modes de défense sont si évidents qu'on en sous-estime le rôle: le pouvoir bactéricide des larmes, de la salive, du liquide vaginal; l'excrétion de déchets par les pores de la peau; les fonctions de capture des poussières par les cils de l'œil, des narines et de la trachée; l'excrétion de déchets par la cire des oreilles; le transport du gaz carbonique par les globules rouges et son excrétion par les poumons; la sécrétion d'interféron pour freiner la progression des cellules cancéreuses; la filtration continue du sang par les reins; l'excrétion de déchets sanguins par les règles chez la femme; la hausse de la température corporelle (la fièvre) pour favoriser la multiplication des cellules de défense.

Par son pouvoir d'homéostasie, le corps maintient en équilibre toutes ses constantes sanguines; grâce à son système de défense, il nettoie tous ses vaisseaux et ses tissus et se défend contre les envahisseurs.

Notre corps possède les moyens de se guérir et de se défendre. Il s'agit de les mettre à profit en jeûnant dans un climat de repos et de sérénité.

Le jeûne: un repos physiologique

Le jeûne est une aventure fascinante. Non pas que jeûner soit une pratique aventureuse, mais découvrir que notre corps peut survivre sans nourriture étonne les mangeurs assidus que nous sommes.

Le jeûneur novice constate avec étonnement que toutes les fonctions habituelles de son organisme s'accomplissent avec, en prime, une forte activité de détoxication et de régénération.

L'organisme orchestre lui-même sa détoxication; il suffit de cesser de manger, notre corps fait le reste. Tous les organismes vivants ont la capacité de se détoxiquer en jeûnant. Les gens qui tentent l'expérience s'étonnent même de la facilité de la chose. Ils s'en disent agréablement surpris et jeûnent avec entrain.

Que fait-on pendant le jeûne?

Le jeûne est un repos physiologique complet: on se dorlote sans gêne et sans culpabilité. Mais peut-on travailler pendant le jeûne? Peut-on jouer une partie de tennis ou doit-on garder continuellement le lit?

Dans certaines cliniques de jeûne, les gens font une activité physique (marche, bicyclette, natation), magasinent, se promènent dans la nature et font acte de présence au bureau. On leur conseille cependant de mâcher de la gomme à l'épreuve de la mauvaise haleine et de doubler leur utilisation de désodorisant pour contrer les odeurs marquées de l'organisme en détoxication accélérée. On leur enseigne également que leurs réflexes peuvent être diminués et que leurs facultés au volant peuvent en être affectées. On leur précise enfin qu'il est normal de se sentir plus léthargique en période de jeûne.

Dans ces cliniques de jeûne actif, on prône que l'être humain peut vivre normalement et travailler sans se nourrir, en évitant cependant les stress très intenses ou les séances harassantes de travail, qui épuiseraient même une personne pleinement nourrie.

Une personne en santé peut vivre sans manger quelques jours, tout en accomplissant des activités routinières. La race humaine a survécu à tant de disettes…

Mais le jeûne actif n'est pas thérapeutique. C'est une question de calories et d'énergie. Pour se détoxiquer en profondeur, le corps a besoin d'énergie; or le travail musculaire multiplie de dix à vingt fois sa dépense énergétique par rapport à l'organisme en repos. C'est un coût énergétique très onéreux pour un organisme en jeûne qui vit de ses réserves.

Quand une personne marche, elle doit fournir des calories aux muscles longs de ses cuisses; la circulation sanguine est amplifiée dans les jambes en action au détriment des autres organes. Le débit sanguin dans l'organisme ne peut être maximal dans tous les organes à la fois. Lorsqu'il y a afflux supplémentaire de sang dans un organe en travail, il y a baisse dans un autre.

Un organe en autolyse a besoin d'un apport d'énergie important, et la circulation sanguine s'y intensifie. La personne qui jeûne ressent clairement cet accroissement localisé du débit sanguin; elle ressent un engorgement dans l'organe en autolyse. Si elle décide de courir, la circulation sanguine est immédiatement canalisée vers les muscles des jambes; l'autolyse cesse alors complètement dans l'organe où elle se déroulait.

Les processus d'autolyse sont exigeants. Le repos stimule l'autolyse et l'activité physique la freine. Il est donc nettement préférable de garder le lit en période de jeûne et de dormir le plus possible. En panne de sommeil, on se détend, on reste allongé et on rêvasse. Pendant que l'on se repose et que l'on dort, le corps se transforme, se rénove.

Dans la vie de tous les jours, ces activités de régénération se déploient surtout la nuit, quand le corps est inactif. Chaque nuit de sommeil est une pause au cours de laquelle le corps se détoxique et se rééquilibre. Ces activités réparatrices ne s'accomplissent pas si l'on passe la nuit debout. Elles ne s'accomplissent pas non plus si l'on jeûne debout.

Le jeûne en repos est donc doublement payant: l'organisme désintègre ses toxines et ses structures usées pour se sustenter, et l'état de repos exalte les activités de réparation. Le jeûne devient donc thérapeutique. Et la motivation à le pratiquer s'en trouve décuplée.

Jeûner dans le confort et la détente n'est donc pas un exercice austère; c'est un acte de santé et de survie. Le jeûne n'est pas une compétition ou un acte de bravoure accompli par des exécutants à l'esprit spartiate et endurci; le jeûne n'est pas davantage une punition ou un acte de fanatisme, bien qu'il soit parfois comparé à l'anorexie, qui est un trouble comportemental nutritionnel. La personne anorexique se prive de nourriture par refus de vivre, alors que celle qui jeûne se prête à une séance de détoxication et de régénération pour mieux vivre.

Enfin, il existe une démarcation très claire entre le jeûne et l'inanition. Les carences et la dénutrition qui caractérisent l'inanition menacent les fonctions vitales de l'organisme. La personne qui jeûne n'est pas dans un état de carence: elle se nourrit vingt-quatre heures sur vingt-quatre, en puisant tous ses nutriments dans ses réserves adipeuses, protéiques, vitaminiques et minérales. Tous les processus physiologiques vitaux de son organisme se déroulent normalement; l'exercice du jeûne favorise même ces processus physiologiques car les tissus détoxiqués et régénérés de l'organisme deviennent plus performants.

Soulignons enfin que, lorsque le jeûne se déroule en repos, les dépenses caloriques sont minimales; le jeûne en repos minimise donc les risques d'épuisement des réserves énergétiques.

La manière de jeûner

Un jeûne purificateur se déroule sans aliments, mais surtout sans polluants: il serait contradictoire d'intoxiquer l'organisme au fur et à mesure qu'il se dépollue. On bannit donc le tabac, les drogues et les médicaments; on jeûne dans un environnement aéré et non vicié et on se la «coule douce» dans le confort et la chaleur. À bas les grabats éreintants, les chambres sombres et les endroits humides et bruyants. Une chambre ensoleillée, un lit très douillet et un environnement apaisant sont de mise.

On évite également une certaine pollution par le bruit et par l'image: il serait incongru de jeûner devant un écran de télévision criard, qui projette à répétition des annonces de bouffe et de bière...

Le stress est une autre forme de pollution; il vaut mieux recréer un climat d'encouragement, d'harmonie et de calme autour de soi pour jeûner l'esprit et l'estomac tranquilles. Par exemple, il serait contre-indiqué de jeûner à la maison, pendant que nos proches cuisinent et nous «accablent» d'odeurs alléchantes et persistantes à chaque heure de repas: c'est de la «pollution» par l'odorat, pour qui désire faire abstinence.

Mais le problème des jeûnes domestiques est le plus souvent d'ordre psychologique: l'entourage du «gréviste de la faim» est troublé. Les proches mal informés discutent sans fin avec l'absent de la tablée, qui en est quitte pour se justifier continuellement et prodiguer des leçons sur les bienfaits du jeûne et sur les conditions de calme qu'il requiert. Les tensions qui en résultent ne procurent pas un climat propice à la détoxication.

Le jeûne se déroule plus sereinement à l'écart des soucis quotidiens. Rompre avec sa vie de tous les jours et changer de décor s'avère positif: la distance psychologique aide le jeûneur à s'éloigner de ses habitudes nocives, à porter un regard neuf sur lui-même, grâce au recul et à la neutralité du milieu où il se repose.

Jeûner «en établissement» comporte donc des avantages louables: les lieux sont aménagés en fonction du confort du jeûneur, et le climat d'encouragement, de complicité et de soutien qui lie les personnes en jeûne est précieux. Et puis, en centre spécialisé, le jeûne est supervisé: des professionnels conseillent les jeûneurs et assurent le suivi du jeûne.

Toutefois, le jeûne demeure un acte autonome; le corps se dépollue et se régénère par lui-même, et une personne qui connaît le déroulement du jeûne peut choisir de le faire seule. Rappelons cependant qu'un premier jeûne devrait se dérouler sous supervision professionnelle, afin que le participant comprenne bien les réactions que le jeûne entraîne et qu'il puisse éviter certaines erreurs.

Chapitre III

Une solution à la toxémie

LES HABITUDES DE VIE DE PAUL

Paul ne s'est jamais vraiment occupé de sa santé. Il a toujours été costaud et en forme. Il lit de temps en temps une rubrique sur la santé dans un quotidien, mais sitôt la page tournée, il en a oublié l'essentiel. De ses lectures, il a toutefois retenu deux choses: les médicaments contre l'hypertension rendent impuissant et le tabac détruit la vitamine C. Cela ne l'a toutefois jamais empêché de fumer.

Paul n'est pas contre la vertu, mais il craint que la sagesse ne soit terne. Il préfère l'excitation à la modération, et aime rigoler avec ses copains en buvant un pot. Il se couche tard tous les soirs pour vivre une longue journée sans fin.

Paul craint cependant les piqûres des médecins et les examens de routine. Il a même lu que les diagnostics d'hypertension sont faux dans une proportion de 30 p. 100, parce que plusieurs patients sont tendus quand un médecin les ausculte. C'est donc dire que bien des hommes sont devenus impuissants pour rien. Mais le jeûne lui paraît plutôt relaxant.

À son arrivée, Paul a enfilé un pyjama, l'uniforme du jeûneur, puis il a enlevé sa montre et placé son réveille-matin bien en vue sur la table de nuit.

Il se regarde dans le miroir qui lui renvoie l'image de son visage arrondi; ses traits sont tirés et creusés de cernes bruns. S'il peut enfin dormir comme un loir, se dit-il, il aura l'air plus jeune. Au moment où ces pensées affleurent son esprit, on frappe à la porte de sa chambre.

Adèle, la superviseure des jeûnes, entre pour faire la connaissance de Paul. Afin de mieux le guider, elle lui pose quelques questions sur ses habitudes de vie et son expérience du jeûne. Paul lui confie sans détour que sa véritable motivation pour jeûner est l'arrêt de la cigarette. Adèle le rassure: le jeûne est le meilleur moyen pour cesser de fumer. D'ailleurs, plusieurs personnes jeûnent pour cette raison.

Poursuivant sa quête de renseignements, la superviseure s'informe des autres habitudes de Paul: prend-il des médicaments? A-t-il subi des interventions chirurgicales? Quel est son poids actuel? Consomme-t-il régulièrement de l'alcool ou des drogues?

Paule dresse un court bilan de santé: il prend une aspirine de temps à autre et des somnifères. Il n'a jamais subi de chirurgie majeure, il a fumé de la mari quand il était jeune mais n'a jamais consommé de drogues dures. Il boit de l'alcool la fin de semaine, est un carnivore aguerri, ne pratique aucun sport. Ses problèmes de sommeil l'inquiètent mais il se croit en santé.

Paul rajoute qu'il a au moins cinq kilos en trop, la fatigue de ces derniers temps l'ayant porté à manger plus que de coutume.

Adèle l'écoute avec intérêt tout en prenant sa tension artérielle qui s'avère normale. Ayant elle-même jeûné à de multiples reprises, elle lui explique alors certaines des réactions auxquelles il peut s'attendre à expérimenter durant son séjour au centre.

D'abord, puisque Paul est en bonne santé, il ne connaîtra pas de grande faiblesse. Il se sentira plus lent, plus paresseux peut-être que d'habitude, mais il restera autonome et prendra soin de lui-même. L'autonomie est de fait un indice important de l'état de santé d'un jeûneur.

Côté sommeil, les réactions sont diverses; certains jeûneurs dorment beaucoup, d'autres pas. En général, les fumeurs dorment moins bien, car ils se détoxiquent de la nicotine qui irrite leur système nerveux et perturbe leur sommeil. Toutefois, après quelques jours de jeûne seulement, une bonne partie de la nicotine est éliminée et le sommeil s'améliore. Quoi qu'il en soit, chaque jeûneur a des sensations uniques; la superviseure explique à chacun ses réactions au fur et à mesure qu'elles se produisent.

Adèle termine l'entretien en invitant Paul à se détendre. Elle l'encourage à s'abandonner au repos, à lâcher prise et à se dorloter. Après tout, il est rare qu'une occasion comme celle-ci se présente! Et le repos est la meilleure façon de jeûner.

Paul n'a pas envie de dormir tout de suite. Il quitte sa chambre et repère avec contentement quelques jeûneurs qui conversent au salon. On l'accueille avec convivialité; personne, se surprend-il, n'a l'air morose ou souffrant.

Paul s'informe avec un intérêt non dissimulé des records de durée des jeûnes en cours et écoute les longs conciliabules autour du pèse-personne. Il assiste aux échanges de magazines, de cassettes de relaxation et d'encouragements. L'ambiance est à la coopération et à la bonne entente. Décidément, le jeûne s'annonce moins austère que prévu.

Paul s'abstient quand même de prendre des résolutions en vue de battre les records des jeûnes en place; quelques jours lui suffiront. Il ne s'imagine pas jeûner vingt jours comme l'homme à lunettes qui rigole au salon et qui ne semble pourtant pas s'en plaindre. Les préambules tournent court car c'est l'heure de la sieste: il est 13 h.

LA SIESTE

À la maison de jeûne, la sieste de l'après-midi est le grand événement de la journée; il s'agit d'une longue séance de détente au cours de laquelle tous les jeûneurs s'allongent dans la flanelle et deviennent muets, immobiles et contemplatifs: telle la chenille dans son cocon, chacun s'enfourne dans ses draps et s'adonne à la régénération de ses tissus flapis. Il s'agit d'un repos sacré et observé par tous; de cette façon, le temps d'arrêt n'est perturbé par aucun bruit de la vie sociale: claquage de portes, potins, ricanements, roulements de pas pesants dans les couloirs et éclats de voix. Ainsi libéré des sons distrayants de la vie active, le jeûneur peut somnoler sans sursaut et sans contrainte, se libérer de l'entrave des sens et glisser sur un nuage de ouate propice à l'autolyse de ses tissus endommagés.

Désireux de se conformer à la consigne, Paul défait soigneusement ses draps et se faufile dans sa nouvelle expérience: le repos. Tout est calme. Paul soupire d'aise à la perspective de ronfler sans écorcher les oreilles de sa conjointe. Il ferme les yeux, s'étire pour adopter la position qui le transportera jusqu'au sommeil.

Il pense à la fatigue pesante qui l'accable et à ses compagnons de travail qui s'éreintent pour des promotions. Il se voit rajeuni, reposé, après avoir rattrapé toutes les nuits blanches qui creusent son visage. Il s'imagine alerte, plus léger de cinq kilos, plus confiant avec ses clients, affichant sa sveltesse, symbole de sa jeunesse retrouvée.

Il déplace sa jambe engourdie et tente une nouvelle plongée vers le sommeil réparateur. Il se convainc de dormir sagement jusqu'au dîner... Ah, c'est vrai, il n'y a pas de dîner!

Paul tapote son oreiller, se décroche la mâchoire pour provoquer un bâillement soporifique et se vautre avec stoïcisme dans son matelas. Affichant, comme toujours, une digne maîtrise de lui-même, il s'immobilise et tente à nouveau de dominer son esprit délinquant, mais en vain. Ses pensées sont agitées et il tape du pied.

Il ouvre un œil et regarde son réveille-matin: il est 14 h.

Cela fait une heure que la sieste est commencée et il ne dort pas. Il faudrait que le temps file plus vite. Comme il n'a pas de somnifères dans ses tiroirs, il constate qu'il lui est bien difficile de s'arrêter de réfléchir et qu'il n'est pas expert en contrôle mental et en contrôle du temps.

Paul ferme très fort les yeux pour ne plus voir sa chambre. Il entend la trotteuse de son réveille-matin marquant chaque seconde qui passe. Curieusement, au lieu de l'exaspérer, le cliquetis monotone et régulier de la trotteuse lui engourdit l'esprit. Ce petit bruit répétitif le calme, lui rappelle l'horloge bruyante de sa grand-mère. Paul se laisse glisser dans un agréable souvenir de calme et de berceuse au coin du feu. Il parvient à se détendre un peu; il se prend même à être content d'être là, allongé sans entendre le train d'enfer de sa vie citadine. Il laisse aller sa pensée à la dérive, savourant la douce apesanteur qui le libère de la réalité. Ses paupières s'alourdissent, et Paul s'endort, le sourire aux lèvres.

Son sommeil le transporte vers le rêve, vers son subconscient, qui lui livre les dessous de sa mémoire agitée; des airs endiablés de musique métallique surgissent sans permission depuis les réserves de bruit dont il avait fait provision avant d'entrer à la maison de repos. Sur l'écran de son imagination se déroule un vidéoclip hallucinant où il se voit affamé, faible et amaigri après trente jours de jeûne reclus.

Paul se réveille en sursaut. Consterné par l'agitation qui l'habite, il tente de rassembler ses idées. Il veut bien se reposer et jeûner, mais il se sent lucide et excité, prêt à jogger; le calme plat qui l'entoure lui donne le vertige. Il se voit condamné à rester couché, sans se sentir immédiatement somnolent, et le silence pesant des lieux lui révèle le grand tumulte intérieur qui gargouille dans sa tête.

On lui a dit que le jeûne est une thérapie merveilleuse, qu'il allait se purifier et changer de peau. Personne ne lui a révélé que le temps est tuant quand on reste au lit toute la journée, quand, à 14 h, au mi-temps survolté de la journée, le jeûneur est allongé, les yeux ouverts, momifié dans la flanelle, exclus du grand brouhaha de la vie trépidante et étourdissante du XXe siècle.

Cette confrontation avec l'inactivité le frustre.

Paul ne sait plus s'il doit mettre fin à son jeûne ou continuer. Il se sent de très mauvaise humeur; l'impatience commence à le gagner.

UNE JOURNÉE DANS LA VIE D'UN JEÛNEUR

Une journée a passé. Paul a terminé sa première journée de jeûne en se tournant sans cesse dans son lit et en maugréant contre la vertu. Il se doutait bien que la relaxation n'était pas un don naturel chez lui… Il décide de se préparer un emploi du temps qui lui permettra de rester tranquille, tout en s'occupant l'esprit: il faut qu'il respecte ses plans et qu'il termine ce qu'il a entrepris. Tout a été arrangé et prévu, et sa famille ne s'attend pas à le revoir avant dix jours. Et puis, il est curieux de connaître les effets que le jeûne aura sur lui.

Paul se bâtit donc un horaire pour encadrer son séjour:

De 9 h à 11 h: Nouvelles à la radio, musique; toilette personnelle; visite de la femme de chambre; pesée.

De 11 h à 13 h: Conversation au salon: histoires de santé et de jeûne, échanges de souvenirs gastronomiques; bercethon; détente en fauteuil inclinable.

De 13 h à 16 h: Paperasse personnelle; lecture; mots croisés; observation de la nature par la fenêtre; tentative de sommeil.

De 16 h à 18 h: Écoute de cassettes sur le jeûne, la physiologie et les méfaits de la caféine; tenue du journal intime; appels téléphoniques à la famille et aux amis;

visite de la superviseure pour laquelle il a préparé une liste de questions sur les malaises cardiaques, la cuisson de certains aliments, les tendinites et les maladies familiales.

De 18 h à 20 h: Conversation au salon, blagues, confidences et échanges sur les habitudes alimentaires; appels téléphoniques à la famille et aux amis, au besoin.

De 20 h à 23 h: Sports à la radio ou musique de relaxation; toilette du dodo; jeux de patience et chaise berçante; rêverie et satisfaction d'avoir terminé sa journée.

Paul veut faire quelque chose même s'il ne bouge pas. Il a peur du vide; il craint davantage de s'ennuyer que de cesser de manger.

Il allume la radio, enfile ses écouteurs pour ne pas déranger personne et écoute les nouvelles. Puis il entame la lecture d'un livre de 400 pages; il oublie qu'il jeûne; il oublie même qu'il a envie de fumer.

L'ennemi numéro un: notre mode de vie

Le Dr Jean-Pierre Willem, qui a parcouru le monde afin d'étudier la santé de différentes peuplades, croit que notre mode de vie nous expose à tant d'usure et à tant de pollution, que nos mécanismes naturels de défense et de régénération sont saturés.

Le cancer, l'infarctus et toutes les maladies dégénératives résultent de nos erreurs, de nos négligences, de notre vie de facilité; ils sont le fruit d'agressions répétées de notre organisme par un environnement pollué, une alimentation irrationnelle et pléthorique, des stress majeurs[4].

Les «maux des ventres pleins» prolifèrent insidieusement; d'ailleurs, nous sommes tous, à divers degrés, toxémiques.

---

4. Jean-Pierre Willem, *Prévention active du cancer*, Paris, Éditions du Dauphin, 1993, p. 208.

La toxémie est l'état physiologique d'un organisme sur-chargé de toxines; c'est l'insalubrité de notre milieu physiologique, ce vaste «aquarium» dans lequel baignent nos cellules. Quand notre corps est mal nourri, nos cellules sont carencées en vita-mines ou en minéraux. Or une cellule vivant dans un milieu appauvri et toxémique est en danger: elle ne se répare pas, devient plus sensible à la cancérisation et meurt prématurément de l'accumulation de déchets.

La toxémie dépend largement de nos choix et de notre mode de vie: nous modelons notre corps en le nourrissant, en l'exerçant, en l'épuisant ou en le reposant. Nos stress s'y incrustent, nos toxines l'encombrent, notre sédentarisme le ramollit.

La toxémie de notre corps est comme la pollution des rivières. Nous rejetons des polluants hautement toxiques dans nos ri-vières, dans l'air et dans le sol. La nature ne réussit pas à neutra-liser les polluants qu'on y rejette: il y en a trop. Les rivières nau-séabondes et brunes serpentent nos villes. Les poissons ont le cancer et les bélugas mourants jonchent nos rives. Les rivières seraient toujours demeurées claires et limpides si on n'y avait pas déversé tous nos déchets industriels.

Notre corps aussi accumule des produits chimiques, qui circulent dans nos artères et engendrent une foule de ma-ladies. Même les traitements médicaux, basés sur l'usage de produits chimiques, sont une source de pollution et de cancé-risation.

Les causes de la toxémie

Les toxines de source interne

Les premières productrices de toxines sont, paradoxale-ment, les cellules elles-mêmes.

Une cellule gobe de l'énergie et des nutriments pour vivre et construire des fibres, des hormones, des protéines, des enzymes, etc. Cette activité produit des résidus que la cellule excrète et que l'organisme se charge d'éliminer. La transformation des sucres en énergie produit du gaz carbonique qui doit être éliminé sur-le-champ. La dégradation des protéines produit de l'acide urique,

que le foie doit neutraliser. Certaines molécules, mal formées par manque de nutriments, doivent aussi être éliminées.

Les déchets produits par chaque cellule sont ramassés et acheminés vers les organes excréteurs, sauf en cas de surmenage, de malnutrition et d'exposition prolongée au stress. Les cellules surmenées, que ce soit par un travail intellectuel forcené, des exercices musculaires excessifs ou par un stress continu, sont en activité forcée: elles produisent des déchets en quantité supplémentaire, que notre corps surmené n'élimine pas toujours complètement. Si ce surcroît d'activité est chronique, les déchets s'accumulent et nuisent aux cellules.

Les toxines de source externe

L'alimentation

L'intestin est le premier lieu de l'intoxication physiologique: on oublie toujours, en dégustant un morceau de gâteau coloré, sucré et chimifié, que notre intestin absorbe allègrement toutes ces toxines.

La paroi intestinale est une membrane à travers laquelle les aliments digérés sont transbordés vers le foie. L'intestin étendu à plat représente une surface de 200 mètres carrés. Par comparaison, notre peau représente une surface de deux mètres carrés. Comme l'intestin présente une grande surface d'assimilation, il peut devenir la porte d'entrée des nutriments en excès, des toxines et des polluants de notre régime.

Dans nos sociétés prospères, nous consommons des repas complexes: les protéines, les sucres, les féculents, l'alcool et les gras que nous ingérons à chaque repas fermentent et polluent le milieu intestinal.

Notre régime alimentaire présente d'autres excès: la proportion de protéines y est trop importante. Les protéines sont essentielles à notre vie biologique, mais, comme les gras, elles deviennent nocives lorsque nous en consommons trop. Les déchets des protéines, l'acide urique en particulier, encombrent les reins, le foie, les articulations et les artères, et causent l'arthrose, l'hypertension ou la goutte.

Le niveau de pollution intestinale s'aggrave également par la prise de médicaments, l'usage de drogues, la consommation de condiments irritants (poivre, sel, piments forts, moutardes, vinaigres, sucres raffinés) et la présence des additifs chimiques, des engrais et des pesticides utilisés par l'industrie alimentaire.

L'environnement

L'intoxication environnementale est omniprésente. Nous en sommes tous touchés de différentes façons: le non-fumeur qui respire les effluves des cigarettes des fumeurs, l'agriculteur qui arrose ses champs d'engrais sans porter de masque, l'enfant qui joue dans l'air vicié des villes, l'ouvrier qui inspire des poussières d'amiante, la secrétaire qui s'use les yeux devant son écran cathodique, le nageur qui attrape une otite parce que l'eau du lac est infestée, le technicien en laboratoire qui absorbe des radiations, le comptable qui sort étourdi de sa journée parce qu'il travaille dans un édifice sans fenêtres, le cycliste qui suit une automobile et en respire les émanations...

Le drame, c'est que nous ne pouvons éviter ces sources de pollution, car elles sont partout; il importe alors d'avoir une vie relativement saine pour bien s'en défendre.

Les dégâts physiologiques causés par les toxines

Le vieillissement accéléré des tissus

On appelle «scories» les déchets de l'activité des cellules. Les scories sont des résidus hormonaux, des molécules incomplètes, des protéines dénaturées.

À mesure que l'individu vieillit, ses tissus deviennent de plus en plus chargés de scories, qui sont des matières mortes. Le tiers du poids d'une personne de 40 ans est constitué de matières inertes; ce pourcentage passe de 50 p. 100 à 65 p. 100 vers l'âge de 50 ans.

En général, les déchets protéiques sont métabolisés par le foie et éliminés par la peau et les reins. Mais lorsque le foie est endommagé, ces déchets n'y sont pas tous détruits; ils demeurent dans le sang, l'épaississent et le rendent plus visqueux. L'organisme tente alors de les éliminer en les liant aux globules rouges du sang, ce qui provoque une hausse indésirable du volume des globules rouges.

Les déchets peuvent également se fixer aux parois des vaisseaux capillaires et encombrer la circulation. Les vaisseaux capillaires sont six fois plus petits qu'un cheveu et ont des parois très fines. C'est au niveau de ces parois que se produisent les échanges entre le sang et les cellules. L'oxygène et les nutriments traversent cette paroi pour atteindre les cellules; le sang y cueille les déchets produits par les cellules. Si la paroi des vaisseaux capillaires est épaissie par des déchets, l'échange de nutriments et de déchets entre le sang et les cellules est ralenti.

Les cellules mal nourries et dont les déchets ne sont plus drainés s'affaiblissent, et le tissu vieillit prématurément. De plus, le cœur doit pomper le sang avec plus de vigueur pour qu'il circule efficacement à travers les vaisseaux épaissis par les déchets. La tension artérielle augmente et le cœur s'use plus vite.

La lésion des tissus nobles de l'organisme

Les radicaux libres sont mis en cause dans de nombreuses maladies dégénératives. Les radicaux libres sont des molécules instables: elles ont des électrons libres à leur périphérie et cherchent à se lier à nos bonnes molécules; ce faisant, elles les dénaturent et les rendent nuisibles à l'organisme.

Les radicaux libres prolifèrent lors de maladies inflammatoires, d'intoxications chroniques aux pesticides, aux herbicides et aux métaux lourds, en présence de radiations ionisantes, dans les organismes des buveurs d'alcool, des fumeurs et des consommateurs d'aliments frits ou fumés.

D'après le cardiologue italien Gaetano Azzolino, les perturbations causées par les radicaux libres sont énormes, car ces derniers atteignent même nos gènes, mutant notre chaîne d'ADN. Les radicaux libres peuvent aussi inhiber nos enzymes, altérer les membranes de nos cellules ou bloquer nos mécanismes de défense. Ils détériorent les parois internes de nos vaisseaux sanguins et causent une dégénérescence de nos vaisseaux centraux ou périphériques. Ces dommages organiques produisent à court ou à long terme l'insuffisance des organes vitaux, telle que l'insuffisance rénale, hépatique, cérébrale ou pulmonaire.

Les alcaloïdes participent, comme les radicaux libres, aux lésions de nos organes vitaux. Ces molécules de forme cyclique s'introduisent dans nos cellules et y déstabilisent le travail métabolique en cours. Les alcaloïdes les plus communs sont la caféine, la théine, la théobromine du chocolat, le sulfocyanure d'allyle de l'ail, etc.

Ces substances sont cancérigènes. Elles pénètrent dans le noyau de la cellule et se fixent sur l'un de ses gènes. Le gène est alors muté et risque d'engendrer une tumeur.

Les agents de cancérisation

D'après le Dr Willem,

> Un cancer n'est jamais dû à une seule cause, mais à plusieurs: virus, usage régulier du tabac, association alcool-tabac, contact répété avec des substances chimiques dérivées des hydrocarbures, l'amiante, le brome [...] les causes énumérées provoquent le cancer si elles rencontrent un terrain prédisposé, s'il existe une baisse momentanée de l'immunité, si une ou plusieurs des causes s'associent à un virus chez un même patient, par exemple: un virus et une sous-alimentation; un virus et une maladie parasitaire[5].

Aujourd'hui, nous connaissons les produits qui causent le cancer ainsi que leurs mécanismes d'action. Nous pouvons même créer des cancers en laboratoire en appliquant des doses massives de produits toxiques à des cellules *in vitro*. Nous pensons que l'organisme humain est peu affecté par ces produits s'il y est exposé à petites doses. Or nous oublions de tenir compte de leur effet cumulatif. On a même découvert qu'il existe une «coopération» entre les produits toxiques. Les virus, les produits chimiques et les radiations interagissent avec synergie pendant une longue période de temps et finissent par cancériser la cellule. Cette coordination malsaine entre plusieurs agents cancérigènes s'appelle «cocancérogénèse».

De toute évidence, une cellule attaquée et affaiblie par plusieurs agents est moins apte à se défendre: ses mécanismes de réparation sont saturés, comme nous le serions si trois individus nous attaquaient en même temps.

---

5. *Ibid.*, p. 37.

L'influence du stress vient compliquer la situation: un organisme soumis à des stress prolongés voit ses forces de défense s'atrophier. Un stress soutenu engendre une sécrétion prolongée des «hormones du stress», que produisent les glandes surrénales. Ces hormones provoquent, à long terme, l'atrophie de notre système de défense, rendant notre corps peu résistant aux infections.

L'organisme toxémique d'une personne stressée qui se nourrit mal, se surmène et vit dans un environnement chimifié est un terrain propice à la naissance d'un cancer.

Le durcissement des tissus

La consommation d'eau excessivement minéralisée, la cuisson des aliments qui transforme les minéraux en «flocons», l'usage de chlorure de sodium (le sel de table) et, en général, la surconsommation simultanée de protéines animales et d'alcaloïdes provoquent l'accumulation de matières mortes qui rendent les tissus du corps rigides et sclérosés. Les dépôts calcaires qui se logent dans les tissus fibreux et les cartilages créent les douleurs rhumatismales, l'hypertension et une diminution de la circulation sanguine. Le corps devient figé, la peau perd sa souplesse, le mouvement se fait douloureux.

Les dégâts spécifiques de l'acide urique

Les protéines animales produisent des résidus lorsqu'elles sont digérées par l'organisme; l'un de ces résidus est l'acide urique, qui provient spécifiquement de la digestion des gènes des cellules animales.

Lorsque le sang est surchargé d'acide urique, il devient visqueux et gluant. Une fois épaissi, le sang circule difficilement, rendant l'organisme léthargique, frileux, voire faible. L'acide urique peut être partiellement transformé en urée, mais les excédents d'acide urique doivent être directement éliminés par les reins qu'ils dégradent et abîment.

Les excédents d'acide urique peuvent aussi se transformer en dépôts: en présence d'alcaloïdes (caféine, théine, théobromine, par exemple), l'acide urique se précipite et durcit; il devient un cristal d'urate, qui se loge dans le foie, les reins, les cartilages et forme des calculs, de l'arthrite, des névrites et contribue au durcissement des tissus de l'organisme.

L'engorgement des cellules

En cas de suralimentation et de sédentarité, les dépôts de graisses s'accumulent dans le corps des cellules actives; les cellules engorgées perdent la capacité de travailler activement et de se régénérer.

Les cellules s'engorgent aussi d'une surabondance de nutriments d'origine protéique (viande, lait, œufs, légumineuses, poissons…). Des dépôts gélatineux, jaunâtres et gluants se forment dans les cellules et poussent le noyau et les organes de la cellule à la périphérie; la cellule ne peut accomplir efficacement ses fonctions organiques; elle se dégénère et meurt, mais le résidu qu'elle laisse demeure dans les tissus de l'organisme.

La toxémie va en grandissant

Le niveau de toxémie s'accroît d'année en année, si le mode de vie n'est pas amélioré. Alors la toxémie se généralise, atteignant progressivement tous les organes du corps.

Le travail des organes est interdépendant. Si un organe devient toxémique, il accomplit difficilement ses fonctions et tout le reste de l'organisme en subit les contrecoups. Par exemple, le foie sécrète la bile pour favoriser la digestion intestinale des graisses. S'il est engorgé et ne sécrète pas la quantité de bile nécessaire, les intestins ne pourront travailler adéquatement; il s'y produira une fermentation, irritante pour la muqueuse intestinale. Ces produits fermentés seront assimilés par le sang pour atteindre le foie, qui n'en sera que davantage intoxiqué. Le foie engorgé neutralisera de moins en moins les déchets protéiques, qui envahiront et léseront tous les organes du corps.

De temps à autre, au fil des ans, l'organisme orchestre des crises d'élimination pour tenter d'abaisser son seuil de toxémie. Souvent, ces crises d'élimination ne sont pas suivies d'une correction des habitudes de vie qui les ont produites. Elles sont même freinées par la prise de médicaments; il s'ensuit une rétention des déchets dont l'élimination était pourtant souhaitable. Finalement, la toxémie se généralise et la maladie chronique s'installe. L'organisme tente de s'adapter à sa toxémie, en vivotant tant bien que mal.

L'arthrite, l'hypertension, les insuffisances d'organes vitaux, les ulcérations, les allergies, les cancers, les dégénérescences cardiovasculaires et nerveuses naissent et perdurent avec le temps, au fur et à mesure que la toxémie augmente. Pour éviter la dégénérescence physique, il faut se mettre à l'écoute des signes de toxémie, au stade le plus précoce de leur apparition, et adopter des mesures pour nettoyer l'organisme avant que des dommages irréparables ne s'y produisent. Le jeûne, qui entraîne un drainage profond de tous les déchets de l'organisme, est à ce titre un acte d'hygiène préventif et salutaire.

Les signes de toxémie

Notre corps nous envoie des signaux; il faut savoir les écouter afin d'en éliminer les causes et de contrôler son état de santé.

Le meilleur moment pour s'ausculter soi-même est le matin. Pour ce faire, nous devons nous regarder sans indulgence dans la glace et faire un bilan des sensations qui nous habitent.

Si la langue est chargée et épaisse, si l'haleine est amère, si les yeux sont ternes et chargés de déchets, si le teint est incolore et les traits sont tirés, si l'odeur corporelle est désagréable, si nous ressentons nettement le besoin de dormir encore et que nous éprouvons une sensation de lourdeur, la conclusion est sans équivoque: nous faisons partie du clan des personnes intoxiquées, dont les nuits de sommeil ne suffisent plus à résorber la toxémie.

D'autres indices nous instruisent sur l'état de notre santé. Certaines personnes se lèvent avec entrain le matin, mais la fatigue réapparaît quinze minutes plus tard. Elles carburent alors à la caféine et mangent copieusement pour se ressaisir et se sentir énergiques. Mais ce regain d'énergie est fugace; dès que le repas copieux a été digéré, la faim se manifeste lourdement et leur corps devient las. Quand leur estomac se vide, ces personnes se sentent dépourvues de toute substance et de toute énergie. Ces sensations désagréables liées à la faim dénotent un état toxémique; les organes sont surchargés et engorgés, et y puiser des réserves lorsque l'estomac est vide équivaut à déclencher une crise d'élimination.

La faim douloureuse est donc suspecte, mais les signes de toxémie sont très variables d'une personne à l'autre. Certains individus sont faibles quand ils ont faim, d'autres sont fatigués après avoir mangé.

Un système digestif dévitalisé et dégénéré accomplit paresseusement ses fonctions digestives. Le mangeur se sent «bourré», indisposé et dérangé par sa digestion. Il s'endort, éprouve une grande soif et éructe copieusement.

Enfin, certaines personnes n'ont jamais faim. Elles mangent à l'heure des repas «parce qu'il le faut bien» et qu'elles en ont l'habitude. Elles ne ressentent pas la faim parce que leur organisme est engorgé depuis longtemps et qu'il ne réclame pas de nouveaux nutriments.

La toxémie et le besoin de jeûner se traduisent également par des troubles du sommeil, des points sensibles dans le dos ou dans divers organes du corps, des rhumes ou des grippes interminables, des problèmes de concentration, et même parfois par des problèmes de dépression. Parce qu'un organisme intoxiqué n'est pas énergique, les problèmes de la vie courante peuvent paraître insurmontables.

Chez les femmes, les règles laborieuses, douloureuses, ainsi que l'ampleur du syndrome prémenstruel révèlent un engorgement des glandes et des vaisseaux utérins, provoqué par l'apport de toxines par la voie sanguine. Les toxines accumulées dans l'utérus quittent celui-ci par la voie sanguine, et les règles sont irritantes.

Enfin, la toxémie peut se traduire par l'instabilité émotive, les malaises articulaires, les caries dentaires, une faible résistance immunitaire, des problèmes de peau, une vision précocement affaiblie, des ongles et des cheveux ternes, des inflammations répétitives des mêmes organes du corps (otites, gingivites, diverticulites, colites).

Le Dr André Passebecq, auteur prolifique sur l'hygiène naturelle et chargé de cours en naturothérapie à l'Université française de Bobigny, décrit avec minutie les «sonnettes d'alarme» qui révèlent l'état toxémique qui n'est pas la maladie, mais «l'état de prémaladie»:

Les signes subjectifs

Frilosité ou bouffées de chaleur, étouffement, fatigue persistante, douleurs diverses, troubles articulaires, migraines, démangeaisons, courbatures, mélancolie, irritabilité, nervosité, dépression, anxiété, insomnie, flatulences, mauvaise digestion, réduction de l'appétit, crises de larmes, oppression, disposition aux névroses, pertes de mémoire, diminution de la volonté et du tonus mental, refus de l'effort, chute de la virilité, frigidité, impression de «tête vide», réduction de l'acuité visuelle et auditive.

Les signes objectifs

Les signes morphologiques

Teint jaunâtre et «brouillé», acné et autres troubles légers de la peau, yeux sans éclat et cernés ou au contraire trop mobiles et «nerveux», diminution des lunules des ongles, épilation de la face externe des mollets, traits fatigués, positions debout et assise relâchées, bouffissure du visage, langue chargée, transpiration accrue (notamment paume des mains et plante des pieds), yeux larmoyants.

Les signes graphologiques

Écriture ralentie ou «nerveuse», saccadée, hachée, pochée, molle, tordue, aux lignes descendantes, etc.

Les autres signes

Toussotements, crachats plus abondants, menstruations déréglées, pertes vaginales, mauvaise odeur corporelle, urines troubles et chargées, haleine forte, tendance à grossir ou à maigrir.

Chaque personne est unique et présente des signes de toxémie différents de ceux de son voisin. Mais, quels qu'en soient les manifestations, tout état toxémique se corrige pendant le jeûne, car tous les tissus et les organes du corps peuvent se régénérer et se détoxiquer.

CHAPITRE IV

Une pratique thérapeutique

LE REPOS DE MICHELLE

Michelle s'est présentée à la maison de jeûne à 22 h. Elle a travaillé jusqu'à la dernière minute et s'est écroulée dans le lit douillet qu'on lui a offert. Puis elle a dormi pendant trente-six heures.

Elle s'est abandonnée complètement au bonheur de se détendre et de dormir tout son soûl. Elle n'a même pas entendu la femme de chambre remplir son verre d'eau et changer ses serviettes de bain. Elle s'est levée une fois pour téléphoner à son amoureux inquiet, puis est retournée au lit, engourdie de sommeil et tombante de fatigue.

Après ces longues heures de sommeil profond, Michelle sort de sa torpeur; sa bouche est pâteuse et amère. Elle boit une gorgée d'eau, mais sa bouche est si épaisse que le liquide avalé ne suffit pas à étancher sa soif. Elle s'étire pour se dérouiller, et constate que le bas de son dos est sensible. Elle se tire du lit, et jette un coup d'œil compatissant sur sa tête dépeignée. Le miroir ne lui dit pas qu'elle est la plus belle... En fait, le «look» du jeûneur est plutôt délinquant!

Michelle rengaine son peigne et décide d'aller se peser. Elle monte avec curiosité sur le pèse-personne et constate avec surprise qu'elle a perdu 1,5 kilo depuis son arrivée. Ravie, elle se tapote le ventre et décide qu'elle continuera de jeûner.

Elle retourne à sa chambre où l'attend Adèle pour lui poser quelques questions sur ses habitudes de vie et son état de santé.

Michelle l'informe qu'elle est âgée de 41 ans. Elle pèse présentement 65 kilos, ce qui est plus élevé que son poids normal. Elle consomme des médicaments pour calmer ses maux à l'estomac. Elle fait peu d'exercice physique par manque de temps et de motivation, mais elle n'a jamais fumé. La semaine, elle est végétarienne, mais durant le week-end, elle devient omnivore et boit une bonne ration de vin. Et puis, elle raffole des sucreries.

Elle se porte bien si elle ne se couche pas trop tard; autrement, elle est insupportable et gloutonne. Alors elle mange davantage, sans se sentir jamais rassasiée. Cela augmente ses maux à l'estomac, qui la ramènent encore à la modération. En fait, son estomac est son baromètre: dès qu'elle dépasse les bornes, ses élancements l'avertissent.

Pour ses problèmes d'estomac, Michelle a essayé toutes sortes de traitements, des pilules aux cours de relaxation. Devant l'échec de ces thérapies, son médecin a décrété que le mal était d'origine psychologique. Michelle est restée interloquée: c'est pourtant son estomac qui crie! Adèle rassure Michelle: les quatorze jours de jeûne prévus devraient suffire pour régénérer son système digestif.

Michelle se demande comment elle se sentira dans quatorze jours; mais pour le moment, elle a mal au dos, parce qu'elle est continuellement allongée. Adèle lui explique que ce malaise est en réalité un mal de reins. Les reins sont des filtres à déchets que l'on ne ménage pas dans la vie de tous les jours. Chez la plupart des gens, ils sont encrassés, mais se nettoient en général dès le début du jeûne. Les élancements indiquent que les reins travaillent à expulser les résidus et les cristaux qui les encombrent. Ce processus durera environ quarante-huit heures si Michelle reste au repos. Si elle s'active, l'autolyse ralentira puisque l'énergie sera alors utilisée par les muscles. Par conséquent, il est préférable de garder le lit; c'est le meilleur moyen de nettoyer rapidement les reins. D'ailleurs, les urines en témoignent: elles sont déjà plus foncées et plus odorantes, confirme Michelle.

Elle se dit part ailleurs surprise de ne pas sentir la faim; elle s'attendait également à être plus faible et à avoir mal à l'estomac. Adèle sourit: les appréhensions de Michelle sont normales.

Jeûner au repos ne génère aucun stress à l'organisme. On ne demande pas au jeûneur de courir le marathon; en jeûnant douillettement, l'organisme de Michelle se régénérera à son rythme, en autolysant prioritairement les tissus les plus importants et les plus endommagés.

L'important pour Michelle en ce moment, c'est de se reposer, de s'abandonner à ce grand nettoyage corporel. Adèle l'encourage à profiter pleinement de ce temps de repos, puis elle se retire de la pièce.

Michelle trouve motivant d'être informée de la sorte. Elle ferme les yeux, rêvasse un moment et tombe dans un état de demi-sommeil. Elle se sent fatiguée depuis tellement longtemps! Elle se réjouit de pouvoir se laisser aller complètement. C'est un vrai soulagement.

Une thérapie naturelle

Les facteurs de maladies sont multiples: c'est l'interaction et la sommation de plusieurs agents ou conditions de vie, sur une certaine période de temps, qui produit des états pathologiques. Il faut donc rechercher des solutions globales quand on veut prévenir ou corriger un dérèglement physiologique et, surtout, éviter des thérapies qui nuisent au corps déjà intoxiqué.

L'approche la plus consistante demeure, en ce sens, l'adoption de mesures de détoxication pour assainir notre milieu physiologique, afin que nos cellules se régénèrent et reprennent vie et force.

Des recherches en laboratoire ont démontré maintes fois cette faculté de régénération. Grâce aux méthodes de culture en éprouvette, on a prélevé des cellules en voie de dégénérescence chez des animaux mourants. Après avoir été lavées de leurs déchets, ces cellules malades ont été placées dans un milieu de culture riche; elles se sont régénérées et sont demeurées vigoureuses plusieurs années après la mort de l'animal.

Pour recréer un milieu sain, riche et dynamisant qui permette aux cellules de retrouver leur vitalité, la cure de détoxication la plus rapide et la plus efficace est le jeûne.

Un repos complet du système digestif

Dans notre vie courante, nous mangeons plusieurs fois par jour. Le passage et la digestion continus des aliments empêchent la cicatrisation et la régénération des parties usées ou endommagées du tube digestif. En période de jeûne, le tube digestif est en vacances. Finies les digestions laborieuses, les fermentations, les ulcérations! Les muqueuses digestives peuvent enfin se réparer. L'estomac reconstruit ses parois, et ses glandes se nettoient. Les cellules du pancréas, préposées à la fabrication d'insuline, et celles des autres glandes digestives sont au repos. Le foie élimine les gras, de même que les calculs et les déchets qui l'engorgent, et perd jusqu'à 50 p. 100 de son volume pendant un long jeûne.

Le jeûne permet également à l'intestin de se régénérer. Celui-ci rééquilibre sa flore bactérienne après avoir éliminé les déchets qui la perturbaient. Les diverticules se vident et se rétractent. Les occlusions se détendent et disparaissent. La paresse intestinale se corrige. Le nettoyage de la membrane intestinale amène une meilleure assimilation des nutriments vers le sang.

En cessant d'ingérer de la nourriture, notre corps est soulagé d'un important front d'invasion de toxines: les produits chimiques de l'industrie alimentaire, l'alcool et les déchets de la fermentation digestive n'envahissent plus le corps à jeun. Au lieu de s'affairer à la neutralisation de ces toxines, notre organisme peut s'attaquer à la chasse aux déchets déjà emmagasinés dans ses tissus ou se consacrer à d'autres tâches, telle la lutte contre les maladies, comme le faisait remarquer Françoise Wilhelmi à la Commission internationale sur le jeûne thérapeutique.

L'amaigrissement et la correction de la rétention d'eau dans les tissus

L'amaigrissement et la correction de l'œdème (rétention d'eau) tissulaire comptent parmi les bienfaits les plus évidents du jeûne.

La perte de poids permet au squelette de se soulager d'un poids excédentaire et aux articulations de porter moins de pression. Cela nous permet d'échapper aux dérèglements potentiels de l'obésité: taux de cholestérol trop élevé (hypercholestérolé-mie), hypertension, diabète, insuffisance cardiaque. Nous devenons aussi plus enclins à l'exercice et plus énergiques.

L'élimination des surplus de sel amène la disparition de l'œdème tissulaire. Il se produit un désengorgement du milieu interne; les cellules et les vaisseaux sanguins s'en trouvent plus rapprochés et les échanges entre le sang et les cellules sont facilités. Les vaisseaux (artérioles et veinules) ne sont plus comprimés par l'œdème. La perte de sodium et d'eau soulage également le cœur et la circulation générale.

L'autolyse des déchets

En jeûne, notre corps désagrège les graisses et les déchets qui obstruent ou gênent ses tissus, tels les dépôts de cholestérol, les plaques graisseuses des artères (athéromes), les infiltrations calcaires dans les articulations ou les artères, les calculs et les débris des cellules. Il s'ensuit une baisse considérable des triglycérides sanguins (sorte de graisses) et du taux de cholestérol. Les scories, qui épaississent les parois capillaires et accélèrent le vieillissement des organes, sont scindées, puis recyclées ou éliminées. La pression artérielle se corrige au fur et à mesure que les vaisseaux sanguins se débarrassent de leurs graisses et de leurs scories.

Les radicaux libres sont neutralisés, puis éliminés. L'un des indices de cette élimination est la baisse du facteur RH2 rapportée par le Dr Sebastiano Simeone, un médecin italien qui poursuit des recherches sur les effets thérapeutiques du jeûne.

Le facteur RH2 est une mesure bioélectronique du sang, qui décrit sa potentialité électrique et sa capacité régulatrice. Chez les gens jeunes et sains, le facteur RH2 est de 22 ou 23. Ce facteur est supérieur à 30 chez les gens intoxiqués, qui souffrent des maladies «de civilisation». La baisse du facteur RH2 indique que le milieu physiologique subira moins d'oxydation de ses molécules utiles et qu'il sera plus stable.

L'autolyse des déchets internes permet un drainage profond du milieu nourricier dans lequel baignent nos cellules. Le nettoyage se fait au niveau de tous les tissus de l'organisme, sans exception. Et l'assainissement de leur milieu nourricier permet aux cellules malades de se régénérer. Tout le métabolisme s'en trouve amélioré; le milieu interne étant assaini, toutes les réactions de défense s'y déroulent efficacement. Le «terrain» n'est plus prédisposé aux infections microbiennes.

Le rajeunissement physiologique

Privé de tout apport alimentaire, notre organisme pratique l'autolyse, qui est une étape incontournable du processus de régénérescence de nos cellules et de nos tissus.

Au cours du processus d'autolyse, les constituants des cellules et des tissus sont sacrifiés par ordre d'endommagement. En désintégrant ses tissus endommagés pour s'en nourrir ou en éliminer les déchets, notre corps se répare en profondeur. Il s'agit d'un contexte tout à fait particulier, difficile à recréer par d'autres techniques thérapeutiques.

L'élévation thérapeutique du taux de zinc sanguin

La pratique du jeûne déclenche un événement unique et exclusif: il s'agit de l'élévation du zinc au-dessus des normales sanguines[6].

L'élévation du zinc favorise la cicatrisation des tissus, ainsi que la synthèse de l'ADN dans les cellules de défense, car le zinc est un élément actif dans la croissance et la multiplication des cellules.

L'élévation du zinc augmente également l'affinité des globules rouges pour l'oxygène, facilitant ainsi le transport d'oxygène.

L'élévation du zinc sanguin a un effet positif sur la synthèse de collagène et est reliée au meilleur fonctionnement de la peau. Le zinc à la hausse agit positivement dans le métabolisme des os, ainsi qu'au niveau du travail cérébral et de la vision. C'est peut-être la raison pour laquelle on a les idées si claires en jeûne et que la vue s'améliore.

Les sensations du goût deviennent aiguisées et vives pendant le jeûne. L'élévation du zinc est liée à cette hypersensibilité

---

6. Michel Duvernay-Guichard, *Le jeûne, approche médicale et scientifique*, Grenoble, Faculté de médecine, 1985, p. 134.

du goût, car cet élément est un constituant important de la gustine, une molécule de la langue, sensible au goût. Cela nous démontre que le jeûne bien fait n'entraîne pas de carences en zinc; chez les personnes anorexiques, la carence en zinc neutralise la sensation du goût, ce qui les pousse à manger de moins en moins.

L'élévation du taux de zinc dans le sang pendant le jeûne est un phénomène particulier: il est difficile de créer autrement une élévation de zinc. La prise de suppléments de zinc ne produit jamais une élévation de zinc sanguin, sauf si ce taux est ramené à la normale à la suite d'une carence. La hausse du zinc sanguin et les bienfaits qu'elle procure sont donc spécifiques au jeûne.

Le renforcement des réactions immunitaires

Le jeûne a un impact positif sur certaines de nos fonctions immunitaires.

Des recherches ont montré une augmentation de la synthèse d'anticorps en réaction à un antigène (une substance qui provoque des réactions de défense de l'organisme) lorsque cet antigène est administré au dixième jour de jeûne. Si l'antigène est administré au début du jeûne, le taux de production d'anticorps n'est pas modifié.

D'autres études rapportent une augmentation d'anticorps, ainsi que la hausse du pouvoir de destruction des bactéries par certaines cellules de défense (monocytes). Par ailleurs, les cellules de défense ont une activité autolytique plus développée.

En jeûne, on observe également une amélioration clinique chez des sujets souffrant d'une polyarthrite rhumatoïde. Les globules blancs migrent plus facilement vers les tissus inflammés, pour y détruire les déchets et les antigènes. La facilitation de cette migration diminue trois jours après la fin du jeûne.

On s'imagine toujours qu'une personne en jeûne s'affaiblit considérablement et qu'elle devient la victime potentielle de tous les microbes invisibles et menaçants qui lui passent sous le nez. En réalité, c'est plutôt l'inverse qui se produit: une personne qui jeûne est libérée de la lourde tâche métabolique de la digestion. Se tournant vers la désintégration de ses réserves nutritives, l'organisme déploie des mécanismes d'autolyse qui emportent, en même temps, tous les déchets, les foyers infectieux et les microbes pathogènes.

Les cellules de défense, qui ont principalement accès aux tissus par la circulation sanguine, ont un accès facilité aux tissus inflammés, dans un organisme dont les vaisseaux ont été nettoyés par l'autolyse. Les processus de guérison s'opèrent donc avec plus d'efficacité.

L'augmentation du zinc sanguin est liée au renforcement des réactions immunitaires, puisqu'elle favorise l'activité des messagers chimiques de l'organisme qui stimulent les réactions de défense (hormone thymique, lymphokine, facteur de développement lymphoïde). Enfin, le zinc favorise la division des cellules de défense.

Le Dr Duvernay-Guichard, auteur d'une thèse de doctorat sur le jeûne, conclut: «Une action favorable du jeûne sur les défenses immunitaires est une hypothèse qui ne peut être exclue *a priori*.»

La réhydratation des cellules

À mesure qu'une personne vieillit, ses cellules deviennent de moins en moins hydratées. À l'âge de un an, les cellules contiennent environ 35 p. 100 d'eau. Le degré d'hydratation baisse graduellement à partir de l'âge de 18 ans. Cette diminution est telle que la cellule ne présente plus, dans certains cas, que 24 p. 100 de teneur en eau. Pendant le jeûne, le Dr Simeone a observé une réhydratation du milieu intracellulaire.

Un apport nutritionnel adapté aux besoins de l'organisme

Pendant le jeûne, notre organisme se nourrit en fouillant dans ses réserves de sucre, de gras, de protéines, de vitamines et de minéraux. Quand notre corps démantèle ses réserves, il le fait avec minutie: il puise exactement ce qu'il lui faut pour survivre, sans plus. Sa consommation de nutriments est minimale et économique, et le corps n'a pas à gérer des surplus qui le fatiguent et l'engorgent. Notre corps fonctionne selon son métabolisme de base, avec les nutriments strictement nécessaires à sa survie, et la composition sanguine demeure très équilibrée.

L'autolyse sélective permet dans un temps limité un «apport nutritionnel» plus adapté aux besoins des cellules impliquées dans des fonctions essentielles de l'organisme. L'évolution de l'état du zinc est, à cet égard, très démonstrative.

La régulation précise des composants nutritionnels par l'autolyse des réserves répond parfaitement bien aux besoins de l'organisme. Qui plus est, le Dr Duvernay-Guichard rapporte qu'il existerait un certain avantage à l'utilisation intense des gras pendant le jeûne sous forme de corps cétoniques. Comme les corps cétoniques sont très diffusibles et que leur rendement énergétique est très élevé, ils pourraient représenter un carburant mieux adapté à certains cas pathologiques, tels les troubles d'approvisionnement des tissus en sang.

La prévention active du cancer

Imaginons un paradis médical terrestre; imaginons une société où il n'y aurait plus de crises cardiaques, où les cancers seraient inconnus; imaginons un monde où tous les maux qui frappent notre société moderne auraient été pratiquement éliminés. Ce paradis existe à l'heure actuelle. C'est le pays des Hounzas aux confins de l'Inde et du Cachemire; c'est la vallée des Centenaires en Équateur. Ce sont les Mormons à Salt Lake City[7].

Qu'ont en commun les Mormons et les Hounzas pour échapper au cancer et aux insuffisances cardiaques? Ils mangent de façon frugale et jeûnent.

Les peuples qui survivent selon les cycles de la nature sont soumis à des périodes de jeûne annuelles; après avoir consommé les réserves de l'hiver, certains peuples en sont réduits à un régime maigre d'herbages et à un semi-jeûne. Cet état de jeûne

----

7. Jean-Pierre Willem, *op. cit.*, p. 208.

partiel crée des changements métaboliques tels que les cellules cancéreuses ne peuvent survivre.

D'après le Dr Willem, les cellules cancéreuses, bouffeuses de sucre à outrance, ne peuvent survivre dans un organisme en jeûne parce qu'il est en état d'acidose légère. En obligeant l'organisme à consommer ses réserves, on crée un état acidosique, qui est le principal facteur d'extinction de la cellule mutée. Lors du jeûne prolongé, l'organisme s'acidifie d'une manière stable, et le cancer ne peut plus utiliser le sucre dont il a tant besoin pour proliférer. En nous soumettant à un jeûne périodique, nous détruisons les cellules cancéreuses ou mutées de notre organisme avant que ces cellules ne prolifèrent et créent des dommages importants.

Le Dr Willem insiste sur l'importance de cette prévention active, car les méthodes médicales de dépistage et de traitement du cancer ne sont pas suffisamment efficaces pour éradiquer le cancer. La cause de cet échec repose en particulier sur la difficulté de déceler la présence d'un cancer à un stade où l'état cancéreux serait réversible.

Lorsqu'il est suffisamment gros pour être décelé, un cancer est déjà âgé de huit ans et a atteint en moyenne une masse de un milliard de cellules; il pèse un gramme ou mesure un centimètre de diamètre. Durant toutes ces années, il a évolué, sans révéler sa présence par des symptômes ou des signes cliniques. Comme l'écrit le Dr Willem, «que de temps perdu quand on considère que, plus le cancer est attaqué précocement, plus grandes sont les chances de le détruire et plus cette destruction sera facile[8]».

Il faut donc détruire le cancer au stade le plus précoce possible; c'est ce que la cure de jeûne permet de faire, ponctuellement, si elle est pratiquée périodiquement.

Le jeûne purifie le milieu métabolique et stimule le système de défense. Dans un organisme sain, une cellule cancéreuse ne prolifère pas: elle est repérée dès son apparition et détruite par nos cellules de défense.

«Le microbe n'est rien, le terrain est tout: alors attaquons le terrain, renforçons-le, modifions-le dans le sens où la maladie n'a plus de prise […] la prévention active consistant en la mise en acidose de notre organisme et au renforcement des cellules saines[9].»

8. *Ibid.*, p. 63.
9. *Ibid.*, p. 209.

En somme, le jeûne est une séance de thérapie de la cellule, qui est l'ultime lieu du désordre biologique. Peu de thérapies stimulent toutes les cellules de l'organisme à se régénérer.

Les effets physiologiques du jeûne

Le Dr Hellmut Lützner, d'Allemagne, résume bien les effets physiologiques du jeûne:
- la perte de poids sûre et rapide;
- le détachement de la nourriture;
- la décongestion et la purification des tissus;
- le gain d'un meilleur tonus du tissu conjonctif et un teint clair;
- la prévention du vieillissement prématuré;
- une thérapie dans le cas des maladies dépistées à un stade précoce;
- un traitement des maladies métaboliques reliées à l'alimentation;
- un moyen de se maintenir sain malgré un environnement de plus en plus chimifié;
- le maintien d'une santé mentale et physique, en particulier au stade de la ménopause chez les femmes et au stade de la quarantaine chez les hommes.

Le déploiement des processus d'autolyse et de rajeunissement est thérapeutique.

C'est pourquoi le biologiste québécois Jean Rocan dit du jeûne qu'il est la médecine de demain. C'est tout à fait vraisemblable dans une société dont les maux sont majoritairement reliés à l'alimentation et à la chimification de l'environnement.

CHAPITRE V

Les réactions d'autolyse

LES RÉACTIONS DE PAUL

Paul se réveille en sursaut. Son corps est très chaud, presque fiévreux. Sa gorge lui semble engluée, et un goût amer indescriptible le fait grimacer: son haleine empeste comme un vieux cendrier. En buvant une gorgée d'eau, il a l'impression d'avaler du jus de pipe tant le goût de son haleine est amer. Il frissonne de dégoût et crache sa salive au lieu de l'avaler. Son cœur bat un peu plus vite, comme s'il voulait expulser le plus rapidement possible les déchets répugnants de sa gorge.

Paul comprend enfin que sa détoxication est commencée, mais ses sensations lui renvoient une image assez malsaine de lui-même. Était-il intoxiqué à ce point? Où donc se cachaient tout ce goudron et toute cette nicotine? Il avale une autre gorgée d'eau, malgré le goût infect; il a une telle soif!

Paul regarde son réveille-matin, qui indique 5 h. Pourquoi s'est-il réveillé si tôt? Que peut-il faire à une heure aussi matinale? Paul se sent lourd, encrassé comme jamais, mais il refuse de se décourager; au contraire, il constate la nécessité, voire l'urgence, que son corps se détoxique. C'est maintenant ou jamais l'occasion d'échapper au mauvais sort des intoxiqués du tabac.

Paul se convainc de prendre son mal en patience; après tout, il s'est remis de terribles crises de foie, de grippes assommantes, de coups de soleil et de coups de marteau sur les doigts. Il a enfin l'impression que son jeûne est important.

Quelques heures plus tard, la surveillante écoute avec intérêt le récit de ses réactions nocturnes. Elle se réjouit de ses malaises et de ses crachats au lieu de le plaindre. C'est décidément le monde à l'envers!

MICHELLE N'A PLUS MAL AU DOS

Après quelques jours de repos, le mal de Michelle a complètement disparu. Adèle lui fait remarquer que son organisme résout efficacement ses malaises.

Michelle sent toutefois qu'elle a fait sa part: elle est restée couchée, bien patiemment, pour permettre à son dos de guérir. Mais depuis que ce mal a disparu, des sensations de nausée ont surgi; c'est, semble-t-il, le foie qui a pris la relève...

Le jeûne est efficace, et la détoxication s'effectue avec vigueur, constate la superviseure. C'est un signe de santé. D'ailleurs, on évalue le degré de santé d'une personne selon la vitalité qu'elle met à réagir et à se défendre.

Michelle se sent encouragée. Son travail de détoxication est si intense que ses nuits sont mouvementées, parsemées de périodes de réveil et de rêves surprenants.

Mais son plus beau rêve, c'est de guérir: elle sent qu'elle est sur la bonne voie.

Manifestations de l'autolyse

Le corps en jeûne autolyse ses tissus endommagés et ses mauvaises réserves. Que ressent-on quand l'autolyse se déploie dans nos organes? Quels sont les signes d'autolyse?

L'autolyse se manifeste le plus souvent par une amplification d'un signe de toxémie. Tout signe de toxémie est un indicateur d'une usure, d'un engorgement; il survient lorsque notre organisme tente une poussée d'élimination pour se détoxiquer ou se réparer; en jeûne, on laisse l'élimination ou la réparation s'accomplir jusqu'au bout.

Quelques exemples d'autolyse

- Blanche jeûne pendant quatorze jours. Elle souffre fréquemment de maux de gorge qui s'accompagnent d'un renflement des ganglions du cou. Elle est âgée de 47 ans; son poids est normal et son état général, très bon. Au cinquième jour de jeûne, son mal de gorge réapparaît: les ganglions du cou triplent de volume et sa voix s'éteint presque complètement. La gorge enfle et devient très sensible.

  Blanche, qui comprend les phénomènes se déployant dans son organisme, garde sagement le lit; elle sent de la chaleur dans son cou et elle a soif. Après cinq jours, les ganglions désenflent. La voix devient normale, et les sensations de chaleur s'atténuent. Au onzième jour de jeûne, tout rentre dans l'ordre: la détoxication de la gorge est terminée.

  Aujourd'hui, Blanche affirme que ses maux de gorge ne sont jamais réapparus depuis le jeûne et que la guérison fut définitive.

  L'autolyse met fin aux signes de toxémie, car elle élimine complètement l'endommagement qui en était la source.

- Hugues est âgé de 55 ans; il est en forme, mais sa digestion le tracasse continuellement, il a le foie «paresseux» et absorbe souvent des eaux gazeuses pour se soulager de ses lourdeurs digestives. Il sent parfois des élancements au foie et souffre périodiquement de constipation.

  Hugues jeûne pendant dix-huit jours. Dès le troisième jour de jeûne, il sent une pression dans son foie; même s'il a l'estomac vide, il se sent engorgé comme s'il venait tout juste de manger un gros repas. Il a des éructations et des gaz. Son ventre est légèrement enflé. Il sent même son pouls cogner autour du foie. Au quatrième jour de jeûne, il a une diarrhée qui le soulage partiellement. L'autolyse du foie dure encore deux autres jours et se traduit par des élancements. Hugues se sent finalement mieux au septième jour de jeûne; il sent que son ventre est tout à fait détendu et dégorgé.

- À 59 ans, Rémi est affublé de sérieux maux de tête; ses migraines sont si intenses qu'elles l'obligent à garder le lit un ou deux jours par semaine. Rémi décide donc de jeûner pour se débarrasser de ce problème.

Au deuxième jour de jeûne, l'éternel mal de tête refait surface. Les yeux de Rémi sont injectés de sang et légèrement vitreux. Son malaise est important, mais comme Rémi est habitué à cette douleur, il prend son mal en patience, reste tranquille (de toute façon, il ne saurait faire autrement) et dort un peu. Le mal de tête atteint un sommet au quatrième jour de jeûne, puis s'atténue progressivement les jours suivants. À la fin de la semaine, Rémi ne ressent plus qu'une légère pesanteur, peu douloureuse, qui disparaît le huitième jour. Un an plus tard, il rapporte que ses maux de tête ont considérablement diminué après son jeûne, ne se manifestant plus qu'une ou deux fois par mois pendant quelques heures.

L'autolyse travaille là où se trouve l'endommagement ou l'usure. Les toxines sont expulsées des tissus où elles sont logées. La nature, l'intensité et la durée des réactions d'autolyse dénotent le degré d'endommagement ou de pollution des tissus. C'est d'ailleurs pourquoi le jeûne sert à établir un diagnostic: les réactions qui se déroulent montrent comment le corps est intoxiqué et endommagé.

• Diane, qui est pourvue de deux dentiers depuis une dizaine d'années, a ressenti un violent mal de dents au cinquième jour de jeûne. Mais comment une personne à la bouche édentée peut-elle souffrir du mal de dents?

L'extraction des dents par un chirurgien est un traumatisme pour les gencives. Le malaise qui apparaît pendant le jeûne révèle que les gencives et les nerfs portent encore les séquelles de la perte des dents, même si l'extraction remonte à plusieurs années. Comme elle n'a plus une dent depuis dix ans, Diane fut très surprise de cette sensation.

• À 60 ans, Charles décide de jeûner pour des problèmes intestinaux. Ayant participé à la guerre de Corée, trente ans plus tôt, il avait reçu dans la cuisse un éclat d'obus qui avait à jamais, pensait-il, insensibilisé sa jambe.
En jeûne, la vieille blessure s'est réveillée: Charles a ressenti, en plein jeûne, les mêmes malaises qu'au moment où il avait subi sa blessure, trente ans plus tôt. Cette douleur aiguë a

duré quarante-huit heures. Après ces deux «jours du souvenir», il a constaté avec surprise que la sensibilité de sa jambe
était revenue.

- Parfois, les phénomènes de détoxication sont cocasses. Ernest,
un grand buveur de cognac, a jeûné en état d'ivresse. Au huitième jour de jeûne, il était dans les «vapes»; il sentait un
liquide sucré couler dans sa gorge depuis les voies d'évacua-
tion du cerveau; sa bouche était très sucrée, et il cherchait
inconsciemment à prendre son verre d'eau dans le creux de sa
paume, comme une coupe de cognac. Son organisme en autolyse a délogé l'alcool enfoui dans les cellules du cerveau; cette
douce griserie a duré vingt-quatre heures.

- Angèle, qui jeûnait pour être belle et mince, n'en était pas à ses
premières expériences pour améliorer son apparence: elle avait
déjà reçu des piqûres dans les cuisses pour dissoudre la cellulite.
Mais son corps en conservait des séquelles; elle a vu apparaître,
au cours de son jeûne, des plaques bleues très sensibles à chaque
endroit où une piqûre avait été administrée. Le produit chi-
mique était logé dans des cellules qui, grâce au phénomène de
l'autolyse, se sont débarrassées de ces résidus toxiques. Un peu
gênant, commenta Angèle, et surtout pas très joli.

- Marie-Josée, âgée de 25 ans, dont le visage était tuméfié par
des pustules d'acné, a ressenti de violents serrements dans son
visage aux cinquième et sixième jours de jeûne. La peau se
contractait avec force et ces contractions forçaient la sortie de
liquide des pustules d'acné.
Grâce à ces poussées d'élimination, la tuméfaction du visage a
considérablement diminué en quarante-huit heures. La jeune
femme était surprise mais encouragée par ces réactions faciales
intenses; elle a découvert que les muscles de la peau ne sont pas
des organes inertes mais actifs, et que leur contraction spontanée accélère le nettoyage des glandes de la peau du visage.

- Aubert est âgé de 49 ans; il est un «gros mangeur» et souffre
de diverticulite. Il a décidé de jeûner pendant quatorze jours;
entre le sixième et le onzième jour, il a ressenti des étirements et des sensations de chaleur dans l'intestin; il rejetait,

par des gaz et des diarrhées, les déchets irritants accumulés dans les diverticules. Après quatorze jours de jeûne, il a recommencé à manger graduellement, sans ressentir de douleur intestinale. Quelques semaines plus tard, son médecin traitant lui confirmait la disparition des diverticules et l'inutilité d'une intervention chirurgicale.

Les gens qui ont des problèmes intestinaux continuent souvent à avoir des selles pendant la première semaine de jeûne. Une dame âgée de 60 ans, dont le ventre était très protubérant, a éliminé des fèces pendant sept jours de jeûne consécutifs. Cependant, les personnes dont le tube digestif est sain n'ont en général aucune selle pendant le jeûne.

- Claudette est une maman depuis quatorze mois. En jeûne, elle a revécu physiquement son accouchement; les tissus de l'utérus, du vagin et du bas du dos se sont définitivement réparés des suites de l'accouchement.

- Christian, un coiffeur âgé de 28 ans, a jeûné pendant dix jours. Comme il travaille toujours debout, les tissus et les vaisseaux des jambes étaient engorgés; à preuve, les élancements qu'il y a ressentis pendant trois jours. Ses jambes étaient secouées de spasmes incontrôlables et se soulevaient d'elles-mêmes. Ce n'était pas douloureux, mais tout de même agaçant.

- Irma, une secrétaire âgée de 32 ans, souffre de sinusite et d'allergies depuis dix ans; pour se soulager, elle vaporise quotidiennement de la cortisone dans ses narines.
Pendant qu'elle jeûne, Irma cesse toute médication. Durant douze jours, elle éternue, son nez coule continuellement et ses yeux sont enflés. Après deux semaines de jeûne, les écoulement cessent, et Irma, redevenue elle-même, se sent fraîche comme une rose.
Elle est enfin sevrée de la cortisone. Elle a jouit de ce mieux-être pendant deux ans; puis, l'accumulation de fatigue a ramené la sinusite. Irma est revenue jeûner pour contrôler sa santé.

- Camille, un homme dans la soixantaine, mange beaucoup d'aliments gras et souffre d'hypertension artérielle. Il décide de jeûner pendant quatorze jours. Durant la première semaine de jeûne, sa tension est demeurée élevée (155/90), mais il a persévéré. À partir de la deuxième semaine, la tension a commencé à baisser, approximativement de cinq points par jour. Après quatorze jours, la tension était de 130/80; Camille est émerveillé: il a rajeuni de dix ans.

  Après son retour à la maison, il a maintenu sa tension à 140/85 pendant un an. Puis, son poids a augmenté de nouveau et sa tension est remontée à 155/90. Au lieu de prendre des médicaments, Camille a refait un jeûne de dix jours. Résultat: la tension et le poids sont redescendus, encore une fois. Camille sait qu'il peut contrôler sa tension artérielle en jeûnant périodiquement et en contrôlant son poids. Et puis, il se sent tellement en forme depuis qu'il jeûne!

Libéré des tâches exigeantes de la digestion et stimulé à autolyser ses réserves pour s'en nourrir, l'organisme en jeûne excrète ses déchets et ses polluants par la voie la plus seyante.

Les cheveux excrètent l'arsenic. Les dents éliminent le fluor sous forme de fluoroapatite. La lymphe excrète des déchets à travers la peau. Les reins désagrègent et éliminent des calculs dans les uretères. Les déchets du cerveau s'écoulent par les yeux ou par le nez. Les médicaments et autres produits chimiques sont excrétés par des diarrhées. Environ 80 p. 100 des personnes qui prennent des médicaments en éliminent les résidus par des diarrhées pendant le jeûne. Les poumons, quant à eux, se nettoient par l'expectoration et les crachats.

- Claude, un homme âgé de 45 ans, a des taches noires sur les poumons: un beau cas de chirurgie pour son spécialiste qui voulait lui enlever une partie d'un poumon. Claude ne voulait pas se faire opérer. Il a jeûné pendant vingt et un jours, durant lesquels il a craché le goudron et les dérivés du tabac qui noircissaient son système respiratoire. Après son jeûne, il a subi un examen et ses poumons ne présentaient plus aucune tache. Soulagé, Claude n'a plus fumé et travaille activement dans un centre d'accueil pour cancéreux.

Les sensations d'autolyse pendant le jeûne nous renseignent sur notre état. L'intensité de nos réactions, le tissu où elles se produisent, nous montrent clairement qu'il y existait un blocage, une usure, un encombrement ou un désordre.

Beaucoup de gens méjugent ces réactions, croyant qu'elles sont créées par le jeûne et que jeûner «rend malade». Au contraire, jeûner nous libère de la maladie: en jeûne, nous ouvrons les valves; nous permettons à notre organisme d'éliminer tous ses déchets métaboliques et chimiques, et de se consacrer à une séance intensive de rénovation cellulaire et tissulaire.

Au lieu d'étouffer les signes et les malaises d'élimination, la personne qui jeûne les accepte et se repose; ainsi, elle ne crée aucune interférence dans les processus d'élimination orchestrés par le corps.

Plus le jeûneur s'abandonne et se laisse aller, plus l'autolyse se déploie avec force et efficacité, car toutes les énergies de l'organisme y sont consacrées. Par ailleurs, le jeûneur en pleine séance d'autolyse se sent peu enclin à courir le marathon: le marathon, c'est à l'intérieur de son corps qu'il se produit. C'est la course à l'élimination qui commande toutes ses énergies; ses muscles sont mous car la circulation sanguine n'y est pas canalisée. Elle est au contraire amplifiée dans l'organe qui est en autolyse. Le transport de l'oxygène, des minéraux, des carburants énergétiques et des cellules responsables de la détoxication s'intensifie dans l'organe en autolyse: celui-ci devient ni plus ni moins un véritable chantier de guérison, dont les ouvrières sont les cellules. Tenter de faire des exercices d'aérobie pendant cette séance de régénération serait irréaliste. Le corps en autolyse intense n'aime pas l'exercice, qui dérange son travail d'élimination. Il se fait léthargique et lourd; c'est sa façon de se protéger contre nos débordements d'activité.

L'autolyse est plus forte la nuit

Pendant que le jeûneur est allongé et tranquille, son corps en autolyse est très affairé. À certains moments du travail autolytique, le cœur travaille plus rapidement: il accélère son battement pour faire la livraison des matériaux requis pour le travail en cours et pour ramener les toxines délogées vers les organes excréteurs.

Le sommeil en est affecté; le jeûneur se réveille souvent, fait des rêves burlesques et s'agite dans son lit.

Il est normal que les réactions d'autolyse soient plus fortes pendant la nuit: le repos sensoriel et l'apaisement nocturnes nous calment. Or plus nous sommes calmes, plus notre autolyse peut se déployer avec force; notre sommeil en est alors perturbé. C'est un joli paradoxe: plus on se repose, plus on autolyse; plus on autolyse, moins on dort.

Les réactions d'autolyse atteignent donc leur pleine ampleur la nuit, et elles diminuent en après-midi: elles sont au plus bas vers 16 h, selon Albert Mosséri, un hygiéniste français. Plus le jour avance, et plus on s'extériorise. En fin d'après-midi, la clarté du jour a eu raison de notre activité de détoxication. Le docteur Kousmine, médecin célèbre pour ses traitements avant-gardistes des maladies dégénératives, relate que la clarté du jour qui pénètre l'œil active non seulement les mécanismes de vision, mais aussi un centre du cerveau initiateur de l'éveil et de l'extraversion de nos énergies. La lumière nous excite et ralentit conséquemment nos activités intérieures de détoxication. Lorsque revient la nuit, le calme reprend ses droits et l'autolyse, sa force.

L'intensité de l'autolyse

De multiples signes nous renseignent sur l'intensité de notre régénération interne:

- La soif: les mouvements importants d'élimination s'accompagnent d'une grande soif, car l'eau est le véhicule de l'élimination. La circulation lymphatique, qui draine activement les déchets et les toxines hors des tissus, est mise à contribution; la sueur est une autre voie d'élimination qui requiert de l'eau, de même que la filtration rénale. Quand l'élimination est intense, notre bouche est sèche et nous ressentons le besoin de boire davantage.
- Les sécrétions des muqueuses: toutes les muqueuses haussent leur niveau de sécrétion pour drainer les déchets que le sang y dépose; la bouche, les yeux, le vagin, les oreilles, les bronches et les narines produisent des sécrétions plus abondantes selon les organes en nettoyage.

- La peau: le teint, qui est un indice «coloré» de l'élimination, s'anime de divers coloris au cours du jeûne. Le teint pâlit lorsque la circulation s'intensifie dans les organes internes en autolyse, au détriment de la circulation périphérique. Le teint jaunit lorsque le foie se détoxique, et se fait gris quand l'organisme élimine des résidus du tabac; il redevient rosé lorsque le corps est détoxiqué.
- Le pouls: le pouls est plus rapide lorsque l'autolyse bat son plein. Il revient à la normale lorsque les plus fortes poussées d'élimination sont terminées.
- La température du corps: un corps plus chaud se défend avec ardeur; la hausse de la température corporelle favorise la multiplication des globules blancs, et accélère le dédale des réactions biochimiques de l'organisme.
- Les odeurs: l'haleine devient très amère et la langue blanchit; les odeurs corporelles sont plus âcres (aisselles, urines, peau).

Les types de réactions

Trois types de malaises se révèlent au cours du jeûne. Il y a d'abord le malaise connu, celui qui est souvent à l'origine de la décision d'entreprendre un jeûne. De nombreuses personnes jeûnent, par exemple, pour se débarrasser de douleurs arthritiques, de migraines ou de troubles digestifs. Comme il s'agit de malaises qui ont motivé l'entreprise d'un jeûne, la personne qui les ressent n'en est pas surprise.

Puis surviennent les malaises qui ont trait à des problèmes de santé du passé; la personne en jeûne ressent des brûlures, des serrements qu'elle avait éprouvés quelques années, voire quelques décennies auparavant; habituellement, le réveil d'anciennes douleurs provoque une certaine surprise chez le jeûneur; la jeune femme édentée qui a éprouvé de violents maux de dents en jeûnant est un exemple fort révélateur de ce pouvoir que possède notre organisme de réparer les dommages qui datent.

Chacun conserve dans ses tissus des faiblesses, des séquelles de traumatismes ou de maladies du passé. En jeûne, ces tissus endommagés se réparent; quand le dommage est réversible, son ancienneté ne limite pas nos capacités physiologiques de le réparer. Un professeur d'éducation physique qui s'était luxé un pouce quatre ans auparavant a observé la guérison définitive de cette luxure au troisième jour de jeûne.

Le troisième type de malaise que ressent le jeûneur est le malaise latent; il s'agit de la présence d'un foyer d'infection encore ignoré, qui ne s'est pas manifesté de façon claire mais qui se révèle en jeûne.

C'est un malaise qui surprend la personne qui jeûne, car elle ne l'avait jamais ressenti auparavant; mais ce malaise dénote un désordre physiologique qui, tôt ou tard, se serait manifesté dans sa vie active. Le plus souvent, en analysant le mode de vie de la personne qui ressent ces «nouveaux» malaises, on peut en comprendre les causes.

Les maux de reins et de jambes sont, par exemple, le lot des gens qui travaillent de longues heures debout ou qui ont une alimentation très riche en protéines.

Bien qu'explicables, les malaises inattendus laissent souvent le jeûneur perplexe. Un homme d'une cinquantaine d'années, qui jeûnait pour accompagner son épouse, a craché pendant quatorze jours la nicotine et le goudron qu'il avait inhalés pendant trente ans de tabagisme. Il était très surpris de cette réaction, puisqu'il avait cessé de fumer deux ans auparavant. Notre homme se consolait de sa surprise en clamant que son jeûne était utile, parce qu'il «serait mort sans savoir qu'il était malade». La superviseure lui a répondu qu'il échappait, en jeûnant, à la dégénérescence prématurée de ses poumons encombrés de résidus de nicotine, et qu'il repoussait certainement l'heure de sa mort.

Le malaise: un indice précieux de notre état

Accepter de ressentir plus ou moins vivement des malaises d'élimination peut paraître masochiste. Nous vivons dans une société qui peut nous procurer une vie aseptisée, inodore et incolore. La manifestation d'un malaise nous rappelle «la misère de la condition humaine», et nous déconcerte.

Le jeûneur est invité à accepter son malaise; c'est le langage que le corps choisit pour manifester un désordre, un foyer pathologique. Le malaise est un informateur; il nous renseigne sur la «maladie» qui accable l'organisme. Puisque le jeûne a pour but de rétablir l'organisme de tous ses désordres, le malaise signale le mouvement d'autolyse qui se déploie; lorsque le malaise s'éteint, c'est que le rétablissement est complet.

Lorsqu'un jeûneur parle de ses symptômes et de ses malaises au superviseur du jeûne, ce dernier l'encourage à accepter le déroulement de sa détoxication et à continuer son jeûne douillettement et paresseusement, jusqu'à l'épuisement du malaise. Quand nous restons au lit et que nous adoptons une attitude mentale de détachement et d'acceptation, le malaise demeure supportable; le corps se détoxique toujours à l'intérieur de ses limites, sans se nuire.

Accepter un malaise pendant le jeûne exclut d'avoir recours à des analgésiques ou à des calmants; on prohibe aussi l'usage de somnifères, car ils provoquent des effets secondaires et droguent l'organisme. Les nuits blanches ne portent pas à conséquence puisqu'en période de jeûne, nous n'allons pas au boulot le matin suivant.

Si un malaise devient intolérable, on freine l'autolyse par la prise de jus de fruits ou par l'application de chaleur, tout en recommandant le repos complet. Certains maux de reins ou de dos peuvent être aigus et désagréables; la prise de jus fraîchement pressés rend ces malaises supportables, et la personne peut continuer à se détoxiquer dans un climat de détente beaucoup plus propice à son mieux-être.

Il en va de même lorsque la faiblesse provoque l'insécurité ou l'inconfort. Un jeûneur qui possède les qualités physiologiques pour jeûner ressent peu la faiblesse. Il se sent plus lent, plus amorphe, mais il demeure entièrement autonome. Il prend soin de lui-même, et accomplit sa routine sans vaciller. Toutefois, certaines poussées d'autolyse peuvent mobiliser toutes les énergies du corps; l'autolyse devient si forte que le jeûneur qui l'expérimente ressent un niveau de faiblesse très inconfortable. Il peut alors boire des jus frais pour se soutenir. Lorsque ces réactions exigeantes d'autolyse sont terminées, la forme revient d'elle-même. La faiblesse se dissipe et le jeûneur, bien qu'il ne mange pas encore, se sent bien.

Avec un peu de patience, la personne qui comprend les bienfaits de la détoxication vainc son malaise; elle expérimente le pouvoir que possède son corps de s'autoguérir, et cette victoire est inestimable.

Chapitre VI

Les jeûnes se suivent, mais ne se ressemblent pas...

JULIE

J ulie a prévu de jeûner pendant une semaine. Elle n'est pas malade, mais elle se sent fatiguée, distraite et mécontente de ses quelques kilos en trop. Elle jeûne pour être belle comme dans les magazines.

Julie est une jeune femme très active: elle étudie, travaille à temps partiel et fait la fête tous les week-ends. Elle aime également faire un peu de sport, du tennis et de la course à pied surtout. Son apparence la préoccupe autant que ses projets de cœur ou professionnels.

Julie n'a, en fait, jamais le temps de se reposer; elle veut tout faire, tout voir, tout essayer. Mais elle se sent parfois très fatiguée. Elle choisit donc une solution rapide pour regagner ses énergies et rester belle: le jeûne.

Elle jeûne vaillamment; elle attend que cela passe et dort le plus possible. C'est tout simple et elle adore se peser tous les matins, pour constater les résultats de sa diète intense. Adèle, qui supervise le jeûne de Julie, s'assure qu'elle ne prend plus ses contraceptifs oraux. Julie rassure Adèle; le dépliant qu'elle a reçu était très clair là-dessus: les médicaments et les hormones sont à proscrire pendant le jeûne. Julie est d'ailleurs très heureuse d'arrêter la prise d'hormones, car elle sait que la pilule provoque beaucoup d'effets secondaires. Après l'âge de 30 ans, elle devra envisager d'autres moyens contraceptifs si elle veut préserver sa santé. Pour l'instant du moins, le jeûne neutralisera l'encrassement de l'organisme dû à la pilule, lui confirme Adèle. D'ailleurs, la pilule n'est guère utile pendant le jeûne intégral: la libido diminue et les pulsions sexuelles se calment. Julie se sent sage comme Gandhi: elle jeûne et pratique l'abstinence.

LA CONVERSATION AU SALON

Il est 18 h. Julie, qui n'a plus envie de dormir, décide de profiter des derniers rayons du soleil dans le grand salon. Des jeûneurs en robe de chambre y discutent de leur expérience.

L'un sourit de satisfaction en pensant à sa longue nuit de sommeil; l'autre se plaint de ne pas avoir fermé l'œil de la nuit. Paul, quant à lui, étale comme pour s'en convaincre les importantes réactions de détoxication qu'il ressent. À vrai dire, il semble un peu pris au dépourvu par ses réactions d'élimination: il ressemble à un enfant qui doit finir ses devoirs même si cela ne lui tente pas.

Julie sourit devant tant de résignation et l'encourage à continuer, mais elle n'éprouve aucune compassion pour les fumeurs: elle ne les plaint pas, n'en fait pas un plat, et n'a jamais compris ce qui pousse les gens à avaler de la fumée puante et cancérigène.

Thérèse, une dame dans la cinquantaine, se joint au groupe.

Elle en est à sa vingtième journée de jeûne et se sent bien. Déjà sa tension artérielle a diminué, ses douleurs arthritiques ont presque disparu et ses migraines se sont évaporées. Elle sent qu'elle sortira de son séjour «comme une neuve». Si elle avait su tous les bienfaits du jeûne, elle s'y serait mise dès la vingtaine, tout comme Julie. Cela lui aurait épargné une foule de problèmes désagréables.

À chacun ses raisons… et ses réactions

Les réactions d'autolyse sont multiples. Elles varient d'une personne à l'autre, car l'état physiologique de chacune est particulier.

Personne n'a mangé la même quantité de gâteau au chocolat dans sa vie; personne n'a supporté les mêmes stress, les mêmes nuits blanches, les mêmes accidents ni vécu les mêmes bonheurs. De plus, à part les jumeaux identiques, tout être vivant possède des gènes qui lui sont exclusifs.

L'unicité d'une personne est telle qu'il est problématique de lui greffer un organe étranger. Chacun connaît les réactions de rejet des greffés du cœur ou du foie, dont l'organisme refuse de s'adapter à la présence de l'organe intrus. Il faut avoir recours à une kyrielle de médicaments pour maintenir l'organe greffé en place.

Puisque chaque personne a des gènes exclusifs, un tempérament particulier, un environnement familial personnel et des habitudes de vie bien à elle, son état de santé et ses réactions la démarquent. Par exemple, deux personnes mangent le même repas copieux: l'une dort comme un loir et l'autre passe la nuit éveillée à digérer son repas. Deux personnes tombent dans l'eau glacée d'un lac: l'une développe une pneumonie et l'autre souffre d'engelures.

En période de jeûne, les différences se maintiennent. Comme le degré d'intoxication et d'endommagement des tissus de l'organisme varie d'une personne à l'autre, les réactions d'autolyse diffèrent d'une personne à l'autre.

Pierre et Laurent sont âgés de 15 ans et ont jeûné pendant dix jours.

Pierre a perdu neuf kilos, il a dormi douze heures par jour. Sa pression artérielle est demeurée stable, mais la soif l'a envahi. Il s'est senti faible par moments. Des points dans le dos l'ont assailli pendant deux jours, puis ce furent des élancements au foie. Au moment de la récupération, il a mangé peu et a repris ses forces lentement. Il aurait bien aimé continuer à jeûner, mais le temps lui manquait.

Laurent de son côté a perdu six kilos. Son sommeil était agité; il se réveillait toutes les demi-heures, même en pleine nuit. Sa tension artérielle a diminué de cinq points, mais il ne se sentait pas faible. Il avait un peu mal à la tête, mais sans plus, et s'est senti nauséeux pendant quarante-huit heures.

Au moment de la récupération, il a mangé avec appétit et repris ses forces très rapidement.

Un superviseur expérimenté sait que, pendant le jeûne, les personnes exténuées perdent plus de poids, que la tension artérielle diminue davantage chez les gens qui ne font aucun sport, que les fumeurs et les consommateurs de café ont plus de difficulté à dormir que les autres, et que les gens dont la détoxication n'est pas terminée récupèrent plus lentement.

En fait, quand une personne jeûne et qu'elle ressent des mouvements dans son organisme, elle veut savoir si «c'est normal». Elle veut connaître le pourquoi de certains malaises ou de certaines sensations. La compétence du superviseur consiste à interpréter et à lier les réactions de détoxication à la santé de la personne qui les ressent, à ses habitudes de vie, à son histoire physiologique.

La qualité de cette interprétation dépend de l'expérience du superviseur et de son analyse globale de l'état physiologique de la personne qui jeûne. Il est donc important que le superviseur connaisse l'état de santé et le mode de vie du jeûneur: habitudes alimentaires, niveau de consommation d'alcool, de drogues ou de tabac, âge, profession, activité physique, poids, prise de médicaments, diagnostics préalablement posés, opérations chirurgicales, raisons qui le motivent à jeûner, etc.

Le superviseur doit également considérer l'influence que la vie psychique peut exercer sur la santé physique. Le stress, entre autres, serait dix fois plus nocif à notre équilibre physiologique qu'une mauvaise alimentation. Toutefois, les mesures objectives du stress et de ses effets pathologiques restent encore à inventer.

Il n'est pas facile non plus d'inventorier les facteurs héréditaires; on peut certes noter les antécédents des maladies depuis la quatrième génération d'ancêtres, mais les descendants développent trop souvent des maladies que les ancêtres n'avaient pas.

Nos grands-pères, qui fumaient la pipe, mangeaient du lard salé à profusion, mais travaillaient physiquement au grand air six jours par semaine, sont morts à un âge avancé. Comme nous respirons l'air pollué des tours à bureaux, que nous consommons des aliments chimifiés et que nos activités physiques sont réduites, nous ne pouvons définitivement pas nous fier à notre héritage génétique pour espérer être centenaires.

Par ailleurs, on note aujourd'hui une hausse des problèmes congénitaux engendrés pendant la vie intra-utérine et découlant d'habitudes malsaines du père ou de la mère (tabac, alcool, médication, drogues, déséquilibre alimentaire), ou de l'exposition à un environnement «antipathique» (radiations, produits chimiques de l'air et des aliments); ces conditions désavantageuses atténuent grandement la qualité du patrimoine génétique légué par nos ancêtres. Le mongolisme des descendants de géniteurs alcooliques et le poids inférieur à la moyenne des enfants de parents fumeurs en témoignent.

Enfin, la qualité de la vie biologique pendant les années de croissance marque à long terme la santé d'un individu. Les enfants mal nourris ne croissent pas au même rythme que ceux qui sont alimentés sainement; on a même découvert que la malnutrition affecte les facultés intellectuelles.

Puisque la santé est influencée par des facteurs complexes, il est difficile d'en dresser un bilan précis. À la lumière des antécédents, le superviseur qualifié pourra prédire quelques-unes des réactions d'un candidat au jeûne. Par exemple, il sait qu'une femme qui a un fibrome à l'utérus aura des crampes semblables à celles des règles quand l'autolyse s'attaquera à ce foyer toxémique. Mais il peut difficilement prédire à quel moment l'autolyse s'activera dans l'utérus, ni combien de temps le travail d'élimination prendra. La vitalité de la personne, la présence d'autres foyers toxémiques dans l'organisme qui solliciteront aussi son système de défense et l'état de détente que la personne saura atteindre influenceront le déroulement du jeûne et la durée des réactions d'autolyse.

D'un jeûne à l'autre

Non seulement les jeûnes diffèrent-ils d'une personne à l'autre, mais une même personne ressentira des réactions différentes d'un jeûne à l'autre.

Avec le temps, notre état physiologique change. Notre corps est plus ou moins intoxiqué selon le niveau de stress et de fatigue et les écarts alimentaires auxquels nous le soumettons. Le surmenage, les problèmes émotifs, le manque d'activité physique influent à court terme sur notre santé. C'est pourquoi le deuxième ou le troisième jeûne d'une personne différera du premier et portera le sceau de son état physiologique du moment.

Un autre phénomène explique les changements ressentis d'un jeûne à l'autre: plus on jeûne, plus l'autolyse se déroule à des niveaux profonds.

Les réactions du premier jeûne se démarquent de celles du deuxième. Durant le premier, le corps effectue un nettoyage général des toxines accumulées depuis la naissance; il s'agit d'un déblayage, qui s'accompagne des sensations types — nausées, fortes odeurs corporelles, excrétions abondantes — que provoque l'élimination de toxines irritantes et perturbantes.

Le deuxième jeûne est différent. On poursuit la régénération de l'organisme à des niveaux plus profonds. On observe l'autolyse de foyers chroniques (sinusite, arthrite, hépatite, ulcérations, troubles circulatoires) que l'organisme, faute de temps et d'énergie, n'a pu résoudre pendant le premier jeûne. Ces réactions d'autolyse sont plus vives, mais on se sent beaucoup plus fort qu'au premier jeûne, car l'organisme est déjà partiellement détoxiqué.

Une personne qui jeûne régulièrement expérimente donc des sensations différentes d'un jeûne à l'autre. Elle découvre que sa santé est un état dynamique, changeant, mais que son organisme possède toujours les moyens de réparer l'usure et de nettoyer les tissus, quel que soit l'organe concerné.

La pratique du jeûne présente un avantage incontestable: tous les organes et les tissus sont sujets à l'autolyse. Quel que soit le lieu de l'infection, nos 100 000 kilomètres de vaisseaux sanguins y ont accès et livrent à chaque cellule l'oxygène et les nutriments essentiels à sa régénération.

Les réactions d'autolyse peuvent donc se dérouler dans les tissus les plus profonds — auxquels la chirurgie a un accès limité — et au niveau de foyers d'infection que les techniques de diagnostic ne peuvent dénicher ou identifier clairement. Les cancers les plus précoces et les plus réversibles peuvent donc être combattus, car les cellules cancéreuses ne survivent pas à l'état d'acidose créé dans un organisme en jeûne.

S'étant construit lui-même depuis la fécondation, l'organisme connaît ses tissus endommagés et détecte ses cellules mutées, grâce au formidable réseau d'espionnage que constituent ses 40 000 kilomètres de nerfs sensitifs. C'est d'ailleurs la raison pour laquelle certains malaises nous surprennent pendant le jeûne: le corps autolyse des foyers infectieux qu'il a décelés, mais dont nous ignorions encore l'existence. La manifestation de ces malaises latents révèle que notre corps se connaît parfaitement. Le jeûne est donc un outil précis et fiable de connaissance de notre état et de sa guérison immédiate.

Qui plus est, l'autolyse naturelle des foyers infectieux ne laisse aucune séquelle, ce qui n'est pas le cas des méthodes chirurgicales et de l'anesthésie. L'organisme en jeûne régit sa guérison selon ses règles; il va à son rythme et ne se nuit jamais.

La personne qui jeûne apprend donc à connaître son corps et à le laisser réagir. Au lieu de considérer le malaise comme une sensation «ennemie», elle le laisse s'exprimer jusqu'à sa disparition finale.

Puisque les jeûnes se suivent et ne se ressemblent pas, signalons enfin que pour bien des gens, le jeûne se déroule sans malaise, sans symptôme marqué et sans trouble du sommeil. Ces personnes chanceuses se demandent avec dépit si elles se détoxiquent, malgré l'absence de signes évidents. Bien qu'elles ne ressentent pas nettement les processus de détoxication qui s'opèrent en elles, ceux-ci sont incontournables: en jeûne total, l'organisme n'a pas le choix de faire l'autolyse de ses réserves et de ses structures endommagées, car il doit trouver des énergies pour survivre.

L'absence de malaises révèle que la personne en jeûne est saine, que ses tissus ne sont que très légèrement usés et qu'il n'y a pas de foyers pathologiques dans son organisme. Le jeûne se déroule donc doucement, sans soubresauts.

Chapitre VII

Différents types de jeûne

PAUL EST DÉTENDU

Paul somnole. Il respire calmement, sans bouger. Il n'est plus nerveux; il a cessé de taper du pied, de pianoter sur les bras des fauteuils et de faire rouler continuellement le carrousel de ses pensées. Il sent en lui un répit, un calme complet.

En fin d'après-midi, il téléphone à sa conjointe, Louise, pour lui donner de ses nouvelles. Il la rassure que tout va bien, qu'il n'a pas vraiment faim et ne se sent pas faible. Il vante particulièrement l'atmosphère apaisante de la maison. Comme il n'y a pas de téléviseur, il se détend en lisant les journaux, en conversant avec ses compagnons de jeûne ou en faisant des mots croisés.

Et puis, surtout, il ne fume plus. D'ailleurs, personne ne fume au centre, c'est la norme. Si on lui offrait le choix entre une cigarette et une orange, il prendrait l'orange sans hésiter; fumer le rendrait malade.

Louise tente de se laisser convaincre par l'enthousiasme de Paul; elle tente de l'imaginer sans cigarette et ne trépignant pas d'impatience pour tout ou rien, mais elle reste sceptique. Comme on dit, «chassez le naturel et il revient au galop».

De fait, Paul a tellement craché de goudron depuis quatre jours qu'il se sent complètement dégoûté du tabac. Il ne pensait jamais avoir autant de déchets dans les poumons. Pour lui, il n'y a aucun doute: le jeûne stimule vraiment le nettoyage.

JULIE DANSE DANS SON LIT

Julie s'étire comme un chat. Elle dort sur commande depuis qu'elle jeûne. Elle n'a pas faim; quand elle pense à manger, c'est plutôt pour le plaisir de déguster quelque chose. Mâcher, mâchouiller, goûter, mordre avec gourmandise; manger est un vrai plaisir pour Julie.

Elle décide de se dérouiller un peu et de faire son courrier. Julie aime envoyer des lettres partout, à tout le monde, pour dire bonjour et pour le plaisir de recevoir des réponses.

Elle écrit à son amie Isabelle, celle avec qui Julie aime s'éclater. Elle lui raconte qu'elle jeûne, que c'est pas ordinaire, mais que c'est long. Elle sera en forme, mince comme un mannequin et pratiquera un régime végétarien pour un temps après sa sortie. Ce sera super; elles pourront sortir toutes les deux et magasiner à plein. Avec sa nouvelle taille, il lui faudra des vêtements neufs. Elle a hâte de se montrer.

Elle salue Nathalie et la gang, colle son enveloppe, y colle des cœurs rouges et des têtes d'anges et un timbre-poste triste avec la photo de la reine.

Elle repense à ses amis, qui sont tout pour elle; elle boit une gorgée d'eau, enfile ses écouteurs pour se calmer les idées et fait jouer sa cassette de musique.

La tête relevée par ses oreillers, Julie laisse les notes et les paroles de la chanson lui monter à la tête; elle se laisse envahir par la musique. Possédée par le rythme, elle imagine une piste de danse où se déhanchent ses amis. Elle danse avec eux, tourne et se trémousse et le plaisir l'envahit. Elle rit, elle bouge, elle roule des hanches et danse comme les gitans. Le tempo l'agite, la musique l'excite, le mouvement l'enivre...

Julie ouvre soudain les yeux: elle n'est pas sur une piste de danse; elle est à la maison de jeûne.

La maison est silencieuse. C'est l'heure de la sieste. Julie ne bouge pas: elle savoure encore son rêve. Elle enlève ses écouteurs et saisit le miroir sur sa table de nuit; elle examine son visage sans maquillage. Elle se regarde sous tous les angles et se sent toute proche de son corps. Elle est complètement détendue.

THÉRÈSE SE REPOSE DE LA POPOTE

Thérèse est assise dans son lit, les mains croisées sur son ventre vide. Jeûner lui plaît. Il lui permet enfin de prendre un peu de temps pour elle. Depuis quarante ans, Thérèse est constamment sollicitée par son mari, ses enfants, ses petits-enfants et… par le réfrigérateur, qu'elle a depuis toujours la responsabilité de remplir. Faire la cuisine matin, midi, soir, puis nettoyer et recommencer, voilà ce qui occupe le plus clair de son temps. Elle en a assez de voir de la bouffe tout le temps et de la préparer elle-même. Même ses meilleures recettes ne l'allèchent plus! Être mère nourricière, quelle vocation!

Depuis quelques jours, Thérèse sent son corps éliminer quarante ans de fritures et de sucreries. Elle a assisté au réveil de tous les bobos dont elle a souffert depuis sa tendre enfance. Ses troubles de vessie, son hypertension, ses raideurs, ses vieilles sinusites et ses diverticules aux intestins: tout y a passé. Elle n'en demandait pas tant, mais elle s'émerveille de la faculté que possède son corps de repérer et de réparer ses vieilles usures.

Cette opération de rajeunissement qui s'opère en elle la réconforte: à 56 ans, elle ne se voit plus l'esclave du vieillissement. Elle ne se considère plus comme une victime impuissante face à la maladie et à la souffrance.

Thérèse s'est rendu compte qu'elle pouvait éviter les embêtements du vieil âge en prenant le contrôle de sa santé, et cette découverte lui procure le sentiment d'une seconde jeunesse.

Le jeûne préventif

Le jeûne nous permet d'améliorer notre qualité de vie et de prévenir la maladie ou la dégénérescence. Le but à atteindre: la langue rose et l'haleine parfumée, qui sont les signes que le corps est complètement dépollué et régénéré.

Le jeûne préventif peut durer quelques jours comme il peut s'étendre à quelques semaines selon le degré de toxémie de l'organisme et le but à atteindre.

Le jeûne de sept jours

Le jeûne de sept jours est l'exercice de prévention le plus fréquent. Durant cette période, le corps se livre à un grand ménage de ses tissus et répare ses dommages les plus criants; il s'agit donc d'un jeûne qui, malgré sa durée relativement courte, procure des bienfaits importants.

La première étape du jeûne consiste en un déblayage des toxines et des matières mortes logées dans tous les organes. Les reins se nettoient, le système digestif se désengorge, les tissus se débarrassent de leur œdème et les voies respiratoires se décrassent. Ces opérations de nettoyage provoquent des malaises types, tels une sensibilité accrue des reins et des urines malodorantes, des éructations, des gaz ou des diarrhées, un désenflement des jambes, du visage et du ventre, et une haleine très amère. Les odeurs corporelles deviennent particulièrement âcres; la langue est très blanche et les narines sont surchargées de déchets. Les séquelles et les résidus de vieilles inflammations sont drainés et éliminés définitivement.

Outre les toxines circulantes et tissulaires, l'organisme autolyse, dès l'entrée en jeûne, les infections bactériennes ou virales. Les grippes, les otites, les gastrites, les infections de la vessie ou les laryngites actives sont autolysées en priorité. La défense orchestrée contre les virus dès le commencement du jeûne assure une protection unique de l'organisme: aucun médicament ne combat les virus; seuls les anticorps produits par nos globules blancs peuvent les neutraliser.

Les activités autolytiques mises en jeu en début de jeûne sont canalisées vers l'organe le plus intoxiqué, surtout s'il s'agit d'un organe vital tel que le cœur, les reins, le foie, les poumons ou le système nerveux.

Un jeûne de sept jours peut donc s'avérer profitable. En fait, on y observe souvent les réactions les plus intenses, car l'autolyse des problèmes urgents et importants entraîne des sensations proportionnelles à l'état du tissu.

Il s'agit d'un premier nettoyage qui s'attaque à la toxémie de toute sa vie. Il faut donc y mettre un minimum de temps et jeûner un minimum de sept jours. Quand une personne fait un premier jeûne de quatre ou cinq jours, elle coupe sa détoxication en plein élan, ce qui est peu satisfaisant.

Le jeûne de sept jours sert d'apprentissage; il nous permet de découvrir et d'apprivoiser les réactions d'autolyse qui surviennent.

Mais l'état de santé des personnes usées par le stress, le surmenage ou la surconsommation justifie souvent un jeûne plus long.

Le jeûne de quatorze jours

En deuxième semaine de jeûne, le corps est généralement débarrassé de ses toxines et de ses infections. L'autolyse se déploie vers les couches de cellules plus profondes et vers les tissus secondaires de l'organisme (ossature, muscles, peau). Les dommages chroniques, tels que les kystes, les ulcères, les fibromes, les diverticules, l'arthrite, les problèmes de peau, l'hypertension, les sinusites chroniques, etc., sont autolysés progressivement; la réparation de ces dommages chroniques constitue un travail physiologique plus long, plus exigeant.

Mais, en général, on se sent plus fort qu'aux premiers jours de jeûne. Le corps se porte déjà mieux des suites de la détoxication de la première semaine; son niveau d'énergie est plus stable. On ne se sent aucunement affaibli par le prolongement du jeûne, si, évidemment, on dispose des réserves nécessaires à sa poursuite.

La langue devient moins chargée au cours de la deuxième semaine; toutefois, lorsque l'organisme orchestre une séance intensive d'élimination, elle se charge à nouveau pour quelques jours, jusqu'à ce que le travail d'élimination se soit atténué.

Le jeûne de quatorze jours s'adresse surtout aux personnes qui, au tournant de la quarantaine, désirent faire peau neuve et prolonger leur jeunesse.

Le jeûne de vingt jours ou plus

Les jeûnes plus longs conviennent aux personnes dont la toxémie est généralisée à tous les organes du corps. La régénération s'étant déroulée au niveau de chaque cellule, de chaque tissu et de chaque organe, elle s'opère, dans un dernier temps, au niveau de l'ensemble du corps.

Les jeûnes longs permettent au corps de corriger les déséquilibres internes causés par la toxémie. Certains dérèglements physiologiques entraînent de multiples effets secondaires. Les gens qui, par exemple, souffrent d'hypertension, ont le cœur et les reins fatigués. Les personnes arthritiques montrent toujours une hyperacidité du tube digestif. La présence de cristallisations dans les reins n'arrive jamais seule: elle s'accompagne le plus souvent de «pierres au foie» et de raideurs articulaires.

L'organisme est comme une horloge suisse: tous les rouages métaboliques sont interdépendants et la défection d'une fonction a des répercussions sur les autres. Une détoxication et une régénération profondes permettront à l'organisme de se réajuster et d'aiguiller l'ensemble de ses fonctions métaboliques vers un nouvel équilibre; le corps s'en trouve profondément revitalisé.

Le jeûne long est donc un point tournant de la vie physiologique; il constitue une «opération chirurgicale sans scalpel[10]». Il doit cependant être pratiqué avec précaution.

Le jeûne long devrait être supervisé professionnellement; les signes vitaux tels que le pouls, la tension artérielle ou les réflexes doivent demeurer stables.

Après vingt jours de jeûne, on fait sa toilette, on converse sans effort, on marche avec équilibre, mais on n'a aucune endurance pour faire de l'activité physique. Marcher vingt minutes à un rythme soutenu ou danser un tango serait épuisant. On n'en demeure pas moins autonome; l'autonomie est un indice précieux de la capacité de jeûner.

La maigreur ou la mauvaise qualité des réserves de l'organisme peuvent être des obstacles à la pratique d'un long jeûne. Pour régénérer le corps, on fera alors plusieurs jeûnes courts, espacés de quelques mois.

D'un jeûne à l'autre, l'autolyse progresse; la détoxication reprend là où elle s'était arrêtée. Lucie, qui souffrait de fatigue chronique, a jeûné à deux reprises pour obtenir des résultats satisfaisants. Ayant appris à bien se nourrir, elle a conservé après son premier jeûne un bon état physiologique. Le deuxième jeûne fut donc doublement fructueux et efficace. Les réactions s'enchaînent d'un jeûne à l'autre, en autant que l'état physiologique n'ait pas été détérioré par la reprise d'habitudes nocives (alcool, cigarette, excès de viandes ou de gras). Les habitudes de vie inadéquates qui polluent le corps raniment l'état toxémique et compromettent l'amélioration de la santé.

Louis, un homme d'affaires prospère, suivait annuellement un jeûne de quatorze jours pour se maintenir en santé. Pendant

---

10. Hellmut Lutznert, *Successful Fasting*, Wellinborough, Thorsons Publisher, 1978, p. 73.

l'année, il travaillait fort, fumait, buvait beaucoup d'alcool et mangeait des repas trop copieux. Cet homme vivait dans un état continuel d'épuisement. Il est décédé à 62 ans, d'un cancer lymphatique. Le jeûne a certes prolongé sa vie, mais son rythme de vie épuisant ne lui a pas épargné une maladie pénible et une mort précoce.

Outre la maigreur, la contre-indication la plus courante à l'exercice d'un jeûne préventif est un état de stress qui contrecarre toute tentative de relaxation; il est peu souhaitable de jeûner quelques jours à peine après avoir quitté un conjoint ou à la suite de tout bouleversement émotif important. Le jeûne est un moment particulier de l'existence qui réclame de la persévérance et une certaine sérénité.

Précisons enfin que les réactions qui défilent d'une semaine de jeûne à l'autre demeurent variables et que le rythme et l'ordre du déroulement peuvent changer d'une personne à l'autre. On ne peut chronométrer un jeûne d'avance, car les facteurs qui l'influencent sont multiples.

Le jeûne thérapeutique

Le jeûne préventif est en soi thérapeutique: en détoxiquant l'organisme de ses déchets métaboliques, protéiques ou cancérigènes, on guérit une forme précoce de pathologie; l'hypertension, le diabète, la goutte, les maladies cardiovasculaires, les calculs biliaires et rénaux résultent de l'accumulation soutenue et prolongée de toxines. En jeûnant, on élimine ces résidus avant qu'ils ne créent des dérèglements physiologiques.

Le jeûne est appelé «thérapeutique» lorsqu'il sert à guérir l'organisme d'une maladie diagnostiquée. Or on sait que la maladie est un état de toxémie. Reprenons cette phrase fort éloquente de Bob Owen sur les origines des maladies: «Toutes les maladies, que nous les appelions la diarrhée, l'asthme, le cancer, l'arthrite, l'ostéoporose, le diabète ou le sida, ne sont que des étiquettes données de façon hasardeuse à un ensemble de symptômes en fonction de leur location physique. Toutes les maladies sont d'origine toxémique[11] [...].»

---

11. Bob Owen, *Roger's Recovery from Aids,* Malibu, Davon, 1987, p. 174.

Le jeûne thérapeutique s'apparente donc au jeûne préventif, mais il présente une différence majeure: le jeûneur a des attentes très précises. Il ne s'agit pas d'un exercice de détoxication générale où le jeûneur se laisse aller au gré de ses réactions. En jeûne thérapeutique, on attend la guérison. Or bien malin qui peut prédire par quel détour l'organisme va atteindre ses buts.

À 55 ans, Mariette souffre d'arthrite aux jambes, et sa démarche est douloureuse. Elle décide de faire un jeûne de vingt-huit jours pour se soigner. Pendant la première semaine, elle éprouve des brûlures à l'estomac et des malaises aux organes reproducteurs. Sa langue est très blanche et la détoxication est particulièrement active. Mariette réagit bien. À partir de la deuxième semaine, son cerveau commence à se nettoyer: des sécrétions coulent constamment dans sa gorge. Ces écoulements durent jusqu'au vingt-deuxième jour. Puis, vers la fin du jeûne, ses jambes deviennent lourdes et sensibles: la détoxication s'y déroule enfin.

L'organisme a réagi selon ses priorités même si Mariette en aurait décidé autrement. On ne peut contrôler la séquence des réactions d'élimination.

Pierre a 44 ans. Il a une bosse au cou (un lymphome), de la grosseur d'une balle de golf. Paul a pris des antibiotiques pendant dix ans pour traiter des infections vénériennes récidivantes. Il a jeûné pendant quarante-cinq jours et sa bosse n'a pas complètement disparu; elle a fini par disparaître à la fin de la récupération qui suit le jeûne. Dans le cas de Pierre, les traitements prolongés aux antibiotiques avaient considérablement affaibli son système de défense. Les antibiotiques s'attaquent aux cellules-souche de la moelle des os qui donnent naissance à nos cellules de défense et notre système immunitaire s'en trouve affaibli.

Dans la jeune trentaine, Suzanne a un fibrome de sept centimètres à l'utérus. Elle a fumé pendant quinze ans, pris la pilule anticonceptionnelle pendant cinq ans et subi quelques interventions chirurgicales comme l'ablation des amygdales et de l'appendice en bas âge. Elle jeûne pour une période de dix jours au cours desquels ses règles sont devancées: elle a des saignements très abondants et des contractions vives dans l'utérus, qui durent six jours. Après le jeûne, elle passe un examen médical: le fibrome est encore présent, mais il s'est partiellement résorbé; il ne mesure plus que quatre centimètres. Un autre jeûne lui permettra de finir le travail.

Lorsque le niveau de toxémie est élevé, le travail de régénération est complexe et laborieux. L'encrassement est généralisé, et les foyers infectieux sont multiples. Toute personne qui entreprend un jeûne thérapeutique doit comprendre que les étapes de sa guérison peuvent être nombreuses, et qu'elles se déroulent selon la «logique» de l'organisme. Elle doit considérer que la détoxication générale de son corps est non seulement nécessaire, mais également la garantie d'une guérison définitive, sans récidive.

Âgée de 39 ans, Hélène a des otites tous les hivers depuis l'adolescence. Elle jeûne quatorze jours pour se reposer et contrôler son poids, sans vraiment entrevoir la guérison de ses otites. Pendant son jeûne, des malaises ont surgi dans ses oreilles, les tissus endommagés y étant autolysés. Quelques années plus tard, Hélène confirme les résultats: elle n'a plus jamais d'otites.

Avant d'entamer un jeûne thérapeutique

Quand on aborde le jeûne thérapeutique, on doit considérer plusieurs facteurs:

- Quel est le bilan général de santé; existe-t-il plusieurs problèmes de santé?
- Quels sont les traitements médicaux préalablement suivis pour traiter le problème?
- S'agit-il d'un problème chronique ou d'un problème relativement récent?
- Quelles sont les habitudes de vie (tabac, alcool, qualité de l'alimentation, régularité du sommeil, drogues, stress)?
- Quel âge a le jeûneur?
- A-t-on comparé la pratique du jeûne et ses effets avec les autres thérapies, traditionnelles ou alternatives?
- Recherche-t-on un soulagement instantané ou est-on prêt à consacrer le temps qu'il faut pour accomplir une guérison profonde?
- Est-on à l'aise avec l'idée de faire un jeûne?
- Est-on prêt à remettre en question ses habitudes de vie pour éviter de recréer un état toxémique qui reproduirait le même problème pathologique?

Après avoir considéré tous ces aspects, on peut prendre une décision éclairée et en discuter avec un superviseur expérimenté.

Les contre-indications

Les personnes diabétiques qui sont dépendantes de l'insuline prennent des risques si elles abandonnent l'insuline et jeûnent. Les personnes épileptiques ne peuvent jeûner en général, car une crise d'épilepsie épuise l'organisme. Toute dépendance médicamenteuse profonde, comme celle associée à l'épilepsie, doit être sérieusement étudiée. En effet, un organisme chimifié à l'excès peut-il réagir sainement et se détoxiquer? Les personnes sous médication depuis de nombreuses années doivent au préalable s'assurer que le sevrage de ces produits n'affectera aucun organe vital tel que le cœur. Pour jeûner, l'organisme doit être autonome: il doit pouvoir accomplir ses fonctions vitales de survie par lui-même, sans médication.

Le superviseur doit étudier chaque cas avec attention pour juger de la pertinence d'un jeûne. Voici quelques contre-indications d'ordre général à la pratique d'un jeûne:

- La présence d'un stimulateur cardiaque;
- La présence d'un organe étranger greffé;
- Une maigreur importante découlant d'une hyperthyroïdie active;
- Un cancer généralisé;
- La toxicomanie (alcool, cocaïne, héroïne);
- Les phases avancées de colites ulcéreuses;
- Les phases avancées de la maladie d'Alzheimer ou de la sclérose en plaques;
- Une maladie mentale qui produit un manque de contrôle de soi;
- Les complications d'accidents qui relèvent de la traumatologie;
- Une maladie causée par des carences nutritionnelles réelles.

Dans ces cas, le jeûne n'est aucunement approprié, même si le désespoir engendré par ces états incite parfois certaines personnes à se tourner vers des thérapies ou des traitements de dernier recours inadéquats.

Les bienfaits du jeûne thérapeutique

Puisque le jeûne stimule la régénération de tout l'organisme, la plupart des problèmes de santé, pris en charge avant qu'ils ne soient irréversibles, peuvent se résoudre. N'oublions pas que la capacité de régénération de l'organisme est fabuleuse et que des personnes qui se croyaient atteintes à jamais de problèmes pathologiques ont reconquis une pleine santé en jeûnant.

Sans être exhaustive, voici une liste des principaux dérèglements que le jeûne améliore:

- L'obésité et les problèmes qui y sont associés: taux élevé de cholestérol ou de triglycérides, diabète précoce, foie gras;
- Les problèmes glandulaires (les glandes se régénèrent facilement): hypothyroïdie, problèmes liés au système de reproduction (règles douloureuses, irrégulières), au foie (qui est une glande), aux surrénales, aux parathyroïdes (qui régularisent, entre autres, le calcium sanguin) et au pancréas;
- Les troubles digestifs: constipation, diverticules, ulcérations diverses, cristallisations;
- Les problèmes circulatoires: artériosclérose, hypertension, prévention des caillots, varices, problèmes liés à la circulation veineuse, migraines, frilosité;
- Les problèmes sanguins: anémie, polyglobulie (excès de globules rouges), déséquilibres divers de la formule sanguine;
- La dégénérescence de l'appareil locomoteur: arthrite, rhumatisme, myosites, arthrose, ostéoporose;
- Les problèmes liés au système de défense: faiblesse immunitaire, allergies, maladies des ganglions, arthrite rhumatoïde, infections bactériennes récurrentes;
- Les maladies virales: mononucléose, grippes, bronchites, laryngites, vaginites;
- Les maladies de la peau: acné, eczéma, séborrhée, hyperacidité;
- Les maladies du système nerveux: insomnie, irritabilité, maladies dégénératives au stade précoce (sclérose en plaques), épuisement;
- Les problèmes du métabolisme des tissus: kystes, tumeurs bénignes, fibromes, inflammations, cancers précoces.

Lorsque les pathologies sont causées par la toxémie, induite par les habitudes de vie inadéquates ou le surmenage, le corps peut se régénérer grâce au jeûne. S'il s'agit de maladies génétiques transmises par l'hérédité, le jeûne n'est pas utile.

Précisons cependant qu'on peut prévenir une faiblesse héréditaire par le jeûne. Une faiblesse héréditaire n'est pas inéluctable; elle se manifeste dans un organe ou un tissu moins résistant, qui se dérègle en premier lorsque l'organisme atteint un certain degré de toxémie. En évitant ce seuil de toxémie pathogène, on évite la manifestation de la faiblesse héréditaire. Un mode de vie sain et des jeûnes de régénération périodiques nous permettront de vivre aussi longtemps que notre ancêtre le plus endurant.

Le jeûne thérapeutique dure souvent plus de quatorze jours; idéalement, il faut jeûner jusqu'à la disparition des réactions d'élimination liées à l'autolyse du foyer pathologique. Si l'organisme ne dispose pas de réserves d'énergie suffisantes pour accomplir en un seul temps sa régénération complète, il faudra procéder par étapes et faire plus d'un jeûne.

On évalue les résultats du jeûne à la toute fin de la période de réalimentation. La réalimentation est de durée égale au jeûne et elle se démarque par la continuation des réactions d'élimination déclenchées pendant le jeûne. On fait donc le bilan final du jeûne une fois qu'on a pleinement récupéré et repris ses forces.

Le jeûne hebdomadaire, saisonnier ou annuel

Certaines personnes jeûnent une fois par semaine, trois jours chaque saison ou sept jours chaque année; d'autres préfèrent jeûner deux jours avant un examen ou encore trois jours après une peine d'amour. Ce sont des jeûnes de prévention. Ils ne sont pas suffisamment longs pour que l'autolyse se déploie en profondeur, mais ils constituent un excellent repos du système digestif ou une défense contre le stress si le besoin s'en fait sentir.

Avant de décrire ces pratiques, gardons en mémoire que le jeûne n'est pas un mode de vie; il est un moyen correctif. On ne passe pas sa vie à jeûner, mais on jeûne pour se régénérer de la fatigue métabolique engendrée par le surmenage. Dans la vie de tous les jours, il est préférable de rechercher l'équilibre par une alimentation saine et un repos adéquat. En fait, dormir chaque nuit est un jeûne; pendant le sommeil, le corps ne bouge plus, ne mange plus, et la fatigue de la journée peut se dissiper. C'est le jeûne quotidien, auquel se soumet l'humanité depuis la nuit des temps.

On jeûne plus longtemps si l'accumulation de fatigue est telle que les nuits de sommeil ne suffisent plus à la corriger; on ressent alors, au lever, des signes de toxémie éloquents et parfois pénibles qui nous instruisent sur la progression de notre état toxémique et qui nous incitent à faire un repos prolongé.

La pratique d'un jour de jeûne par semaine est assez répandue. D'ailleurs, Gandhi prônait cette habitude. Des études en laboratoire sur des souris ont prouvé qu'un jour de jeûne par semaine augmente leur durée de vie de 33 p. 100. Si on décide de mettre en pratique cette discipline, il faut s'assurer que la journée de jeûne hebdomadaire se déroule dans le repos et qu'elle n'est pas précédée ni suivie d'un surplus de consommation d'aliments.

Jean, un botaniste âgé de 60 ans, jeûnait tous les lundis, car il consacrait ses week-ends à la dégustation de repas gastronomiques. Le jeûne du lundi suivait le trop-plein du dimanche et ne servait qu'à terminer la digestion des repas opulents de la veille. C'est une habitude louable de faire abstinence après la bombance, mais le métabolisme général se trouve soumis à des stimulations extrêmes qui n'apportent pas un repos physiologique réel.

Le véritable jeûne hebdomadaire est une journée de repos bénéfique si elle est insérée dans un rythme de vie régulier, sans soubresauts de gourmandise en aval ou en amont.

Le jeûne de trois jours chaque saison est bénéfique aux mêmes conditions: jeûner dans le repos, sans travailler et en récupérant au moins deux jours (deux jours de fruits frais, sans travailler à temps plein).

Le jeûne annuel de sept jours convient aux gens qui veulent prévenir l'accroissement de la toxémie de leur organisme et garder une bonne forme. Cette pratique, si elle se perpétue pendant

plusieurs années, assure un maintien efficace de la santé physiologique, pour autant que «l'entre-jeûne» demeure équilibré. Si
on boit, fume et mange à outrance le reste de l'année, le jeûne
de sept jours n'est qu'une pause de soulagement; le niveau de
toxémie ira alors toujours en augmentant à cause des habitudes
de vie néfastes. Autrement, le jeûne annuel est bienfaisant et ses
résultats assurent une bonne santé à la personne qui s'y adonne.

Les cures de fruits

Certains états de stress nous coupent l'appétit: une peine
d'amour, un échec personnel, un deuil ou un choc émotif sabo-
tent notre travail digestif. Vivre en état de stress exige énormément d'énergie. Comme l'organisme consomme beaucoup de
calories pour se rééquilibrer de nos désordres émotifs, il serait
alors plus adéquat de faire une cure de fruits qu'un jeûne intégral. Les fruits sont faciles à digérer, ils n'encombrent pas le système digestif et fournissent au corps des nutriments de première
qualité.

Les cures de fruits qui durent de un à cinq jours sont excel-
lentes si elles s'accompagnent d'un repos partiel de l'organisme.
N'oublions jamais que c'est le repos qui stimule nos activités
réparatrices. En suivant une cure de fruits, on peut toutefois être
plus actif qu'en période de jeûne intégral; les fruits apportent
des sucres, des vitamines, des minéraux à l'organisme et l'autolyse n'est pas aussi profonde que pendant le jeûne intégral. Mais
il est préférable de travailler à temps partiel seulement, surtout si
le travail exige des efforts physiques importants.

Les cures de fruits de plus de cinq jours doivent être suivies
avec précaution: il faudra alors surveiller attentivement l'évolution des signes vitaux et la perte de poids, car on peut ressentir
des réactions de détoxication comparables à celles encourues
pendant le jeûne.

L'exercice de détoxication par la cure de fruits est plus long
qu'en jeûne; il convient aux personnes qui ne désirent pas
s'astreindre à un jeûne intégral ou qui n'ont pas un poids suffisant pour jeûner.

Le moment approprié

On peut effectuer un jeûne, court ou long, ou une cure de fruits pendant les vacances ou selon ses disponibilités personnelles. L'idéal est de jeûner quand le besoin s'en fait sentir: un début de grippe, une fatigue accrue, des problèmes de digestion, un sentiment de lassitude. Toutefois, selon une théorie, il est recommandé de jeûner au printemps, lorsque la longueur des jours augmente, car le surplus de lumière stimule toutes nos fonctions nerveuses et glandulaires. On appelle «photopériodisme» cette influence de la lumière sur nos activités physiologiques. D'autres théories mettent de l'avant le repos pendant le temps froid et suggèrent de jeûner et d'hiverner comme les ours et les marmottes.

Mais l'autolyse n'est pas un phénomène physiologique saisonnier; elle est un processus routinier de toutes nos réparations physiologiques, qu'il pleuve, qu'il neige ou que les feuilles tombent.

Les préparatifs au jeûne

Le jeûne est une période de repos et de vacances. On s'y prépare donc en mettant de l'ordre dans ses affaires familiales, professionnelles et sociales, afin de jeûner la tête tranquille. C'est très important.

Quant à la préparation physiologique, elle a pour but de renflouer les réserves de minéraux et de vitamines avant le jeûne et de prédisposer l'organisme au repos.

Dans les semaines qui précèdent le jeûne, on conseille donc une consommation accrue de fruits et de légumes frais, afin d'approvisionner au maximum les tissus en vitamines et en minéraux.

On délaisse les excitants, tels que le café, le thé, le sucre blanc, le chocolat et les condiments s'ils font partie de notre alimentation, et on évite les excès de viande et de poisson, le tabac et les drogues. Notre métabolisme peut alors se réajuster à son rythme naturel, au lieu d'être énervé par la présence de stimulants. Au moment où l'on entame le jeûne, la relaxation est plus facile.

Dans les jours qui précèdent le jeûne, il n'est pas souhaitable de sauter des repas si on mène toujours une vie active. Toute réduction importante de la quantité des repas doit être associée à un repos accru de l'organisme. Comme on travaille souvent plus fort avant le jeûne pour faire ses préparatifs et éviter les inconvénients causés par notre retrait de la vie active, on a besoin de manger à sa faim et de consommer de bons aliments. Réduire sa consommation d'aliments lorsque les derniers préparatifs se déroulent en vitesse nous prédispose à entamer le jeûne dans un état de fatigue très inconfortable.

Si au contraire on mène une vie plutôt détendue dans les jours qui précèdent le jeûne, on peut diminuer de jour en jour le volume et le contenu des repas. On fait une «descente alimentaire» qui pourrait s'échelonner comme suit:

- Huitième et septième jours avant le jeûne: on retire les féculents (pain, riz, pâtes, seigle, légumineuses) et on les remplace par des légumes verts et des légumes à racines.
- Sixième et cinquième jours avant le jeûne: on retire les protéines animales ainsi que les produits laitiers et les œufs, que l'on remplace par des noix.
- Quatrième et troisième jours avant le jeûne: on retire les légumes à racines, et on se nourrit de fruits, de légumes verts et de noix.
- Deuxième et dernier jours avant le jeûne: on ne mange que des fruits.

Il existe de nombreuses méthodes pour faire une «descente alimentaire». On portera toutefois attention aux signes de détoxication qui pourraient déjà se manifester au cours de cette préparation. En s'allégeant graduellement, l'organisme commence déjà une certaine détoxication. S'il en résulte de l'inconfort ou des malaises, il faut rajouter des aliments plus soutenants. Le but des paliers alimentaires n'est pas de procurer de l'inconfort, mais de préparer son organisme à entrer en autolyse dès le commencement du jeûne.

On peut également choisir une méthode plus spontanée: on range ses ustensiles et on jeûne du jour au lendemain. Les gens qui n'aiment pas les demi-mesures préfèrent souvent cette approche. En fait, plusieurs personnes estiment qu'il est plus facile de jeûner que de suivre un régime. Les personnes gourmandes qui aiment dévorer à belles dents des repas copieux contrôlent mal la quantité d'aliments qu'elles consomment. Le jeûne leur paraît avantageux car elles n'ont plus à se contrôler rigoureusement chaque fois qu'elles mangent.

Par ailleurs, la sensation de la faim chez les personnes en régime hypocalorique est à la limite du supportable, alors que la disparition de la faim pendant le jeûne intégral en facilite la pratique.

La détente et le repos associés à la pratique du jeûne intégral rendent l'exercice plus facile: on peut s'y concentrer, s'y abandonner et atteindre les buts fixés. Lorsque nous demeurons actifs, nous sommes plus sujets à la fatigue, et le contrôle de notre alimentation nous échappe: le stress, l'épuisement, l'excitation ou la convivialité minent nos bonnes résolutions; le suivi d'un régime requiert un grand contrôle de soi.

Enfin, quand, du jour au lendemain, on décide de jeûner, on escamote les préparatifs. Si le régime alimentaire habituel est relativement équilibré, le jeûne n'en sera pas trop affecté. Si l'alimentation est inadéquate, il faudra surveiller les carences vitaminiques ou minérales qui pourraient survenir pendant le jeûne.

CHAPITRE VIII

La physiologie du jeûne

QUELQUES JOURS DE PLUS

Paul a décidé de prolonger sa période de jeûne: depuis deux jours, il a mal aux jambes et il est peu souhaitable qu'il récupère affublé de ce malaise. Selon les renseignements qu'on lui a fournis, ce type de problème est fréquent chez les fumeurs: des dépôts de mauvais gras et des déchets de nicotine se sont déposés dans les artères de ses membres inférieurs. Son mal est tel qu'il l'empêche de dormir. Comme son malaise diminue lorsqu'il est debout, Paul décide de quitter sa chambre pour quelques instants. Il se donne une période de répit, en quelque sorte, même si la superviseure lui a conseillé de garder le lit pour en finir au plus vite avec l'autolyse de ses artères.

Julie, à qui Paul raconte ses malaises, est surprise. Son jeûne a été tellement facile qu'elle ne soupçonnait pas la possibilité de telles réactions.

Paul ne se décourage pas. Il retourne à sa chambre et boit un peu d'eau. Son haleine est encore fétide.

Il se regarde dans un miroir: sa chevelure est hirsute et sa barbe pousse depuis cinq jours. Sa langue est blanche et épaisse. Son *sex-appeal* est décidément à la baisse, mais Paul hausse les épaules; il se sent maître de lui-même et est certain de faire quelque chose de bien pour sa santé.

Jeûne et perte de poids

Durant le jeûne, la perte de poids est inévitable, mais le poids perdu varie. Pendant les deux premières semaines de jeûne, la perte moyenne est de 10,2 kilos chez les hommes, et de 7,7 kilos chez les femmes. Pendant les troisième et quatrième semaines de jeûne, la perte de poids diminue; les hommes perdent en moyenne 5,5 kilos alors que les femmes perdent en moyenne 4,05 kilos.

En début de jeûne, le tube digestif se désemplit; cette étape produit une réduction de poids appréciable, variant de un ou deux kilos selon l'importance des réserves intestinales. Les pertes d'eau en rétention dans les tissus et l'autolyse des sucres en réserve dans le foie et les muscles complètent la perte de poids des premiers jours, qui peut atteindre quatre kilos au bout de quatre jours de jeûne.

Par la suite, l'organisme utilise des molécules qu'il peut transformer en sucre: les protéines en réserve, le lactate des muscles (résidus du travail musculaire), le glycérol (obtenu en scindant les gras), les déchets protéiques qui encombrent le sang et les organes, les protéines tirées de l'autolyse des tissus et des cellules endommagées, ainsi que les protéines fonctionnelles dont l'organisme n'a plus besoin puisqu'il jeûne, c'est-à-dire les enzymes du tube digestif et les protéines des muscles (si le jeûneur est en repos).

Une protéine devient un sucre si on enlève sa partie azotée; cette partie azotée est scindée et excrétée par l'urine. On appelle «néoglucogénèse» cette formation de sucre à partir d'une protéine. Cette étape commence après vingt-quatre heures de jeûne intégral. Elle s'intensifie et atteint un niveau maximal après une semaine de jeûne.

Après environ deux semaines de jeûne, l'utilisation des protéines atteint un plateau; un autre carburant majeur entre alors en jeu: les lipides (ou gras). L'utilisation des lipides se développe graduellement depuis le troisième jour de jeûne, pour atteindre un niveau maximal au quatorzième jour et s'y maintenir.

Or les lipides sont des carburants à très haut rendement énergétique. Pour fournir une kilocalorie, on a besoin d'une quantité deux fois moindre de lipides que de sucres. C'est pourquoi la perte de poids diminue de façon appréciable après deux semaines de jeûne: il faut peu de lipides pour sustenter le corps.

La perte de poids est moindre chez les femmes. Les hommes sont en général plus pesants que les femmes; il est donc normal que, pour un même pourcentage de réduction de poids, les pertes des hommes soient supérieures à celles des femmes. Toutefois, cette considération mathématique n'explique pas tout. Les hommes possèdent en général un métabolisme plus actif et plus «musclé» que les femmes: ils maigrissent plus vite.

Si les pertes de poids varient d'un sexe à l'autre, elles varient également d'une personne à l'autre. Avec l'âge, le métabolisme ralentit: on bouge moins vite et on maigrit moins vite. Les gens plus âgés perdent moins de poids que les personnes plus jeunes, qui ont un métabolisme plus actif.

La perte de poids est aussi plus marquée chez les personnes très fatiguées et toxémiques. Les réactions de détoxication intenses qui se déroulent dans les organismes chargés de toxines et de déchets commandent beaucoup d'énergie pour s'accomplir. Les personnes intoxiquées brûlent donc énormément de calories pour nettoyer leur organisme.

Les réactions d'autolyse sont plus intenses lorsque le jeûneur est en repos complet, car les activités réparatrices de l'organisme sont accentuées. Le jeûneur qui se repose perd donc du poids, même s'il ne fait aucun sport.

Perdrait-il plus de poids s'il bougeait? Pas du tout. Le jeûneur qui s'entraînerait brûlerait des calories qui ne seraient pas consacrées à l'autolyse des toxines et des tissus endommagés. Il emploierait ses énergies à l'exercice au lieu de les consacrer à se détoxiquer. Or les réactions de détoxication, si on leur dédie toutes nos énergies, entraînent des pertes de poids maximales. Faire de l'exercice lorsque l'on jeûne n'augmente donc pas l'amaigrissement et freine les processus de détoxication.

D'après la documentation médicale, une personne peut perdre jusqu'à 40 p. 100 de son poids normal avant d'avoir épuisé toutes ses réserves énergétiques et d'atteindre la phase d'inanition. Pour éviter tout danger d'inanition, on prévient l'épuisement des réserves en se limitant à une perte de 25 p. 100 du poids normal.

Jeûne et énergie

Notre organisme en jeûne s'adapte en se tournant vers d'autres sources d'énergie que le glucose et procède à d'importantes économies d'énergie.

Ce sont les lipides — nos graisses — qui comblent 90 p. 100 de nos besoins d'énergie en jeûne. Les lipides sont dégradés pour former des corps cétoniques, utilisables par tous nos organes vitaux. En se nourrissant des corps cétoniques, notre organisme épargne ses réserves de glucose.

Notre corps en jeûne procède à des économies en sabrant dans les fonctions non essentielles à sa survie. Dans un premier temps, il diminue son métabolisme de base. Après trois semaines de jeûne, l'organisme est vraiment au ralenti; il se chauffe moins, rationne ses muscles et freine les activités des cellules de la peau et du tube digestif.

La muqueuse digestive (la paroi intérieure du tube digestif), qui se renouvelle habituellement toutes les semaines, se repose; elle n'est plus active, car nous jeûnons. Nos cellules digestives entrent dans un repos profond; elles sommeillent et requièrent peu d'énergie. Nous épargnons de 20 p. 100 à 30 p. 100 de nos énergies totales, en freinant le travail mécanique et biochimique de la digestion.

Autre économie d'énergie: les cellules de la peau se reproduisent quinze fois moins vite lorsque nous jeûnons.

Mais c'est surtout au niveau de nos muscles que se produit l'épargne énergétique majeure. Après un jeûne de quinze heures seulement, on constate une chute de 51 p. 100 de la synthèse des protéines des muscles volontaires. C'est donc la baisse d'activité dans les muscles qui contribue le plus à l'épargne d'énergie de l'organisme en jeûne.

On assiste enfin à une baisse de la production de chaleur dans l'organisme, dans le but d'économiser directement de l'énergie. Pour éviter que cette perte de chaleur amène une grande frilosité, le tissu de la peau subit une vaso-constriction, qui freine les pertes de chaleur par évaporation et protège l'organisme.

Le corps qui jeûne est astucieux: il économise ses réserves d'énergie en mettant au ralenti des fonctions «de luxe»; nos muscles s'en trouvent un peu faiblards et il faut nous tenir au chaud. Le jeûne doit donc se dérouler dans des conditions douillettes et confortables. Nous sommes occupés à nettoyer notre espace intérieur et cette noble tâche nous accapare entièrement et profitablement.

Jeûne et protéines

La fameuse question des protéines hante les consommateurs que nous sommes: où prend-on ses protéines quand on jeûne?

Chez une personne apte à jeûner, les pertes de protéines ne sont pas dangereuses puisque l'organisme en repos a des besoins moins grands sur ce plan. Le jeûne provoque une importante diminution de la synthèse des protéines dans les muscles, dans le tube digestif et dans le tissu cutané. Il entraîne également une réduction de la masse du foie et de la rate. L'organisme utilise de préférence les gras comme carburant énergétique pour épargner les protéines de l'organisme.

Par ailleurs, le corps en jeûne épargne ses matériaux et les recycle; toutes les protéines issues de l'autolyse des tissus endommagés sont recyclées, de même que les protéines générées par la dégradation des toxines.

Un indice de l'absence de carence en protéines est le maintien de toutes les fonctions essentielles de l'organisme: la multiplication des cellules sanguines demeure intacte; la production d'anticorps se maintient au même niveau; les protéines plasmatiques, les hormones (qui sont des protéines) et les messagers du système nerveux (neuromédiateurs) continuent d'être produits au même taux qu'en période d'alimentation; le nombre de globules rouges et la formule sanguine sont stables au cours des jeûnes longs.

Jeûne et musculature

Les muscles contiennent des réserves de protéines, comme les cellules graisseuses renferment des réserves de gras.

Les muscles sont de véritables mines d'énergie et de nutriments pendant le jeûne. Ils constituent 70 p. 100 de la masse protéique du corps; les acides aminés qu'ils contiennent peuvent être dégradés en sucres ou être utilisés pour construire les protéines fonctionnelles, telles que les hormones, les protéines sanguines ou les protéines de transport. Enfin, les muscles recèlent des vitamines, des minéraux et des oligo-éléments utilisables par le corps.

Les muscles comblent si bien les besoins en protéines de l'organisme, que le cerveau, le cœur et le sang ne sont aucunement privés de protéines au cours d'un jeûne long. La synthèse protéique au niveau du cœur est maintenue intégralement comme le sont tous les processus hormonaux et immunitaires.

La mobilisation des protéines musculaires présente un autre avantage pour l'organisme: en démantelant une partie de ses structures musculaires, notre corps échappe à l'entretien onéreux de ces structures. Moins il y a de fibres musculaires, moins le corps doit dépenser d'énergie pour les entretenir. C'est comme si on démantelait un hangar pour construire une maison; ce faisant, on échappe aux coûts d'entretien de ce hangar.

Les muscles diminuent donc de volume au cours du jeûne, mais le nombre de cellules musculaires demeure identique. Nos muscles se vident de leurs réserves, mais ils conservent la même structure. Il faut noter par ailleurs que, puisqu'ils se vident de leurs réserves de sucres (le glycogène), les muscles du jeûneur ne sont pas aptes à des exercices importants; une personne qui jeûne supporte moins bien les exercices longs, mais bien des gens prennent, à tort, ce phénomène pour une dégénérescence des muscles.

Lors de la réalimentation, on assiste à une formidable reprise de l'activité des muscles, qui se régénèrent et se renflouent complètement.

Jeûne et souplesse des chairs

Puisqu'on perd du poids assez rapidement pendant le jeûne, on peut craindre que cette réduction accélérée ne ramollisse immodérément les chairs: de quoi a-t-on l'air après un jeûne?

Pendant le jeûne en repos, l'amaigrissement s'accomplit sans que la peau ne devienne flasque. Le jeûne en repos est non violent pour le corps, et maigrir paresseusement, sans stress, sans surmenage et sans carence ne dévitalise ni l'organisme ni ses tissus de soutien. La peau se rétracte donc au fur et à mesure que l'amaigrissement se produit et la personne en jeûne n'a pas la peau flasque. Elle a un visage reposé, détendu; ses cernes, ses bouffissures et ses éruptions s'atténuent graduellement. En revanche, au cours du jeûne, on observe un ralentissement du métabolisme de la peau; ses cellules se reproduisent moins rapidement pour économiser les énergies du corps; l'aspect de la peau peut donc paraître terne à la fin du jeûne, car celle-ci est en léthargie. Il arrive même parfois que la peau pèle et se dessèche légèrement.

Le tonus des muscles qui sous-tendent la peau peut aussi en influencer l'apparence. Les muscles diminuent légèrement de volume pendant le jeûne, et cette rétraction est souvent confondue avec une baisse du tonus cutané; la peau conserve sa structure, mais le muscle sous-jacent perd un peu de fermeté.

Dès que démarre la récupération, la reprise de toutes les activités métaboliques de l'organisme est phénoménale: il se produit une activité de régénération intense au niveau de la peau et des muscles, comparable chez l'adulte au taux métabolique d'un organisme d'adolescent. La peau et les muscles sous-jacents s'en trouvent rajeunis et raffermis. C'est donc à la fin de la récupération que l'on pourra juger de l'effet du jeûne sur la peau: la peau est neuve, douce et régulière, et le teint est frais. On remarque d'ailleurs que les gens qui prennent de l'âge et qui jeûnent régulièrement ont une peau jeune et peu ridée.

La formation de rides sur la peau dépend de l'état de santé interne de l'individu. Quand une personne se nourrit bien et qu'elle s'entraîne régulièrement, sa peau est en bonne santé. Si au contraire, l'alimentation est pauvre et le surmenage, chronique, il se produit des blocages ou des carences internes qui ralentissent la distribution sanguine des nutriments vers la peau. Celle-ci flétrit alors plus vite et devient terne. Un état de santé florissant est donc le meilleur gage pour préserver une belle peau, si on évite l'exposition prolongée au soleil.

Jeûne et cerveau

Le jeûne n'affecte aucunement le cerveau. Dès les premiers jours d'abstinence, ce dernier s'adapte: au lieu de se nourrir de glucose, il utilise les graisses (les corps cétoniques) comme carburant de base et diminue ses besoins en glucose.

L'adaptation pour ce nouveau carburant se fait grâce à la hausse des transporteurs au niveau de la barrière naturelle qui protège le cerveau (la barrière hémato-encéphalique) et filtre tous les éléments qui y pénètrent.

Par ailleurs, le cerveau est très riche en lipides. Or même si les lipides fournissent 90 p. 100 de l'énergie d'un organisme en jeûne, aucun lipide du cerveau n'est touché ou transformé à des fins énergétiques.

Quant au système nerveux, les tests de la vue et de l'ouïe montrent une amélioration dans les cas où la toxémie en atténuait l'acuité. En diminuant le niveau de toxémie, les tissus nerveux se portent mieux.

Jeûne et cœur-poumons

Le cœur, comme le cerveau, satisfait 75 p. 100 de ses besoins énergétiques par les corps cétoniques dès le troisième jour de jeûne.

Par ailleurs, la désintégration des gras qui encombrent les artères du cœur et de l'organisme entier contribue à abaisser la tension artérielle: le cœur s'en trouve libéré et soulagé.

On note enfin une hausse du rapport poumon/corps entier; le rendement pulmonaire s'en trouve amélioré et l'oxygénation sanguine est facilitée.

Jeûne et faim

Une personne qui jeûne éprouve rarement la faim, parce que son organisme à jeun est bien nourri par ses ressources internes.

Comme l'affirme le Dr Duvernay-Guichard, le problème de l'apport énergétique pendant le jeûne ne se pose pas d'un point de vue quantitatif; notre organisme à jeun se nourrit de façon «frugale» vingt-quatre heures sur vingt-quatre, grâce aux processus d'autolyse qui rendent disponibles pour l'organisme les nutriments essentiels à son fonctionnement.

Si, par exception, une personne en jeûne éprouve une faim soutenue et douloureuse, on peut en déduire que son corps est carencé; cette sensation indique que le corps a besoin de nutriments et qu'il est préférable de cesser le jeûne.

Lorsque l'organisme a autolysé tous ses tissus endommagés et digéré toutes ses réserves de gras, une faim profonde et impérieuse se manifeste chez le jeûneur. Ce retour de la faim naturelle est un événement attendu et désiré par de nombreux adeptes du jeûne long. Avoir la langue rose et l'haleine parfumée, c'est la conclusion rêvée de tout exercice de détoxication. Dans nos sociétés prospères et notre environnement pollué, la détoxication totale de l'organisme est cependant très longue; peu de personnes possèdent des réserves énergétiques suffisamment équilibrées pour jeûner le temps requis à la régénération exhaustive de tous les tissus de l'organisme. Entreprendre un jeûne en visant inexorablement le retour de la faim naturelle s'avère le plus souvent utopique.

Dans la pratique, le retour de la faim se produit généralement dans les premiers jours de réalimentation. En recommençant progressivement à manger, on stimule la fabrication des sucs digestifs; le tube digestif reprend alors ses fonctions mises en veilleuse pendant le jeûne. L'estomac recommence à crier famine et l'appétit revient.

Jeûne, vitamines et minéraux

Le Dr Duvernay-Guichard n'a relevé aucune carence en vitamines et en minéraux au cours d'un jeûne de quarante-deux jours qu'il a surveillé et mesuré. Le potassium, le calcium, le chlore, le magnésium, le phosphore, le sodium n'ont subi aucune modification significative. De même, aucune déficience en vitamines B_2, B_6, B_9 et A n'a été observée.

On a vu que la dégradation des protéines musculaires fournit à l'organisme des vitamines, des minéraux et des oligo-éléments (voir page suivante). Le foie, qui est un important réservoir de vitamines, participe aussi au maintien de l'équilibre minéral et vitaminique.

Le phénomène d'économie des nutriments produit par la diminution de la masse active des muscles, du tissu cutané et du tissu digestif réduit les besoins vitaminiques: nos tissus moins actifs ont des besoins plus restreints.

Rappelons cependant que les réserves en vitamines et en minéraux peuvent varier d'une personne à l'autre et que nous ne sommes pas tous disposés à pratiquer un jeûne de quarante jours. Une faible réserve de poids et des habitudes de vie malsaines (tabagisme, alcoolisme, alimentation déséquilibrée, surmenage) peuvent être des contre-indications à mener un jeûne intégral ou prolongé. Il est alors préférable d'opter pour un jeûne court ou pour une séance de repos jumelée avec une cure de jus ou de fruits frais.

Jeûne et oligo-éléments

Les oligo-éléments sont des éléments chimiques présents en faibles quantités, mais néanmoins essentiels à l'organisme.

Le Dr Duvernay-Guichard n'a rapporté aucune carence en fer, en zinc, en cuivre, en manganèse et en sélénium pendant le jeûne de quarante-deux jours qu'il a analysé. D'ailleurs, la plupart des études effectuées à ce sujet ont révélé un taux de zinc sanguin plus élevé que la normale.

Jeûne et médicaments

La prise de médicaments est incompatible avec le jeûne, et ce, pour diverses raisons.

Comme le jeûne vise à stimuler les capacités d'autorégulation de l'organisme, la présence même du médicament est un non-sens.

Le médicament est un artifice, il est une imitation de nos enzymes, de nos hormones, de nos médiateurs neurochimiques; le médicament «remplace» donc une hormone, un régulateur, un tamponneur, que nous devrions produire nous-mêmes. Lorsque le médicament supplée une hormone ou un régulateur, notre corps ne fabrique plus cet élément essentiel; il ne fabrique que les substances qui lui sont nécessaires et non celles qui lui sont suppléées artificiellement. Prenons l'exemple de l'insuline.

Lorsque le sang d'une personne présente un taux de sucre trop élevé, on fournit à cette dernière de l'insuline artificielle. Son cerveau détecte alors qu'il y a suffisamment d'insuline dans le sang et, par conséquent, qu'il n'a pas besoin d'en fabriquer. Les cellules du pancréas demeurent donc inactives et cessent toute production d'insuline. Après un certain temps, ces cellules au chômage sont démantelées; l'organisme n'entretient à long terme aucune cellule inutile. En autolysant ses cellules pancréatiques, la personne diabétique devient définitivement dépendante de l'insuline artificielle. Elle n'est plus autonome et subit des effets secondaires débilitants: troubles de vision, guérison ralentie des plaies, troubles des reins.

Le corps devient donc dépendant de médicaments qui sont toxiques et créent des effets secondaires.

L'un des effets toxiques les plus courants des médicaments est la destruction de nos cellules de défense; les médicaments détruisent, dans la moelle osseuse, les jeunes cellules qui seraient devenues nos globules blancs. Cet effet secondaire est donc en contradiction avec une thérapie comme le jeûne, qui vise la stimulation de notre système de défense et la préservation de notre autonomie physiologique.

Par ailleurs, puisque nous cherchons à nous détoxiquer de tous les déchets qui embarrassent notre corps, il serait paradoxal de jeûner en consommant des produits toxiques, même médicamenteux. Les effets secondaires de ces substances seraient plus marqués que dans la vie courante. Sans nourriture, les médicaments ulcèrent et brûlent le tube digestif, car ils ne sont plus dilués dans les aliments. C'est très douloureux, voire dangereux. À titre d'exemple, une simple aspirine prise en période de jeûne a des effets décuplés; l'estomac réagit avec acuité contre la présence de l'acide salicylique et le jeûneur ressent des brûlures aiguës.

On peut interrompre la prise de certains médicaments sans problème, notamment ceux qui visent à soulager les migraines et l'insomnie, ou ceux qui régularisent la digestion ou les cycles de reproduction. Cependant, le sevrage de certains médicaments est plus risqué, entre autres ceux qui créent la dépendance d'un organe vital, tel le cœur ou le pancréas, et dont le sevrage provoque de graves perturbations métaboliques. L'insuline, par exemple, est un médicament dont le sevrage est difficile, voire dangereux, à cause de la dépendance que sa consommation entraîne.

Les médicaments hypotenseurs, les médicaments administrés aux cardiaques, la cortisone, les psychotropes et certains types d'anti-inflammatoires sont des traitements médicaux dont le sevrage doit être évalué cas par cas. Il faut, le plus souvent, agir en concertation avec le médecin traitant et évaluer la réversibilité de l'état pathologique.

Si on envisage l'abandon du médicament, il est préférable de cesser progressivement la médication avant le jeûne afin d'éviter le sevrage simultané du médicament et des aliments. On laisse de côté le médicament et on continue à se nourrir un certain temps, afin de régénérer les bactéries intestinales empoisonnées par les produits chimiques médicamenteux. Ces bactéries, qui fabriquent notamment les vitamines du groupe B et la vitamine K, doivent être revitalisées afin de fabriquer à nouveau les vitamines dont on aura besoin pendant le jeûne. La vitamine K participe à la coagulation du sang, et la vitamine B_{12} sert à la fixation de l'oxygène sur les globules rouges.

Enfin, les personnes qui font usage de médicaments doivent en général se soumettre à des jeûnes plus longs, car elles ont une tâche supplémentaire à accomplir: se détoxiquer des polluants médicamenteux, puis régénérer les glandes ou les tissus dont le travail était entravé par la prise de médicaments.

Jeûne et sexualité

Pendant le jeûne, les activités sexuelles sont plutôt rares. La libido diminue parce que l'organisme économise ses énergies. Le jeûne ne crée pas l'impuissance, même si peu d'hommes ont des érections pendant cette période; il favorise simplement le repos des organes reproducteurs. Il n'y a donc pas lieu de s'en inquiéter. En revanche, la reprise des activités sexuelles après le jeûne procure des sensations nouvelles et intenses.

L'ovulation peut être retardée pendant le jeûne. C'est encore par économie d'énergie que l'organisme freine ce processus. Mais les règles sont le plus souvent déclenchées avant terme: elles servent alors de voie d'élimination et sont plus longues que d'habitude.

La reprise du cycle hormonal se fait plus ou moins rapidement après le jeûne. Certaines femmes notent un décalage de leur cycle de plusieurs jours, parfois de plusieurs semaines. Leur organisme reprend son cycle menstruel quand toutes les activités de détoxication déclenchées pendant le jeûne sont terminées et lorsque l'organisme a renfloué toutes ses réserves énergétiques. La prise d'hormones de contraception ou de régulation est contre-indiquée pendant le jeûne.

Jeûne et stress

Le stress intoxique l'organisme. Il brouille notre équilibre hormonal, élève les taux de sucre et de cholestérol dans le sang et diminue nos forces de défense. C'est pourquoi l'exercice du jeûne pendant des périodes particulièrement stressantes de la vie n'est pas recommandé.

Le jeûne requiert une certaine paix, un certain détachement de la routine quotidienne. Après des événements troublants et bouleversants, ce détachement est pratiquement impossible; il vaut alors mieux retarder le jeûne.

La pratique même du jeûne peut s'avérer stressante: le fait de s'abstenir de manger, d'arrêter de travailler et de se détoxiquer constitue un exercice inhabituel.

Ce genre de stress se résout par la recherche d'information, la réflexion et la préparation adéquate au jeûne. En nous informant substantiellement, nous découvrons que le jeûne est une pratique naturelle et bienfaisante. Nous apprenons que nous pouvons avoir confiance dans les mécanismes de régulation et d'autoguérison de notre organisme. Nous sommes si peu familiarisés avec les processus régénérateurs qui nous habitent, que leur manifestation nous paraît extraordinaire ou invraisemblable.

La lecture et la consultation de professionnels sur le sujet peuvent également nous éclairer et nous motiver. Mais la plus grande stimulation qui soit demeure le témoignage d'un proche qui en a fait l'expérience. C'est du solide, c'est du vécu, plus crédible que les livres.

Enfin, une supervision adéquate est essentielle à la pratique relaxante du jeûne; quand nous jeûnons, nous devons absolument comprendre comment notre corps réagit, sinon nous devenons stressés par ses réactions. Jeûner sous surveillance professionnelle est primordial; seules les personnes qui l'ont fait souvent sont aptes à jeûner sans la supervision d'une personne expérimentée.

Jeûne et mort

Nous avons tous entendu parler des jeûnes politiques menés jusqu'à la mort. La documentation médicale rapporte également le déroulement d'un suicide par le jeûne: un Japonais, désespéré et rebuté par l'idée d'un suicide violent, s'est laissé mourir de faim. Son médecin traitant, le docteur Yeo, en a profité pour observer et consigner les événements de ce jeûne suicidaire, qui a requis quatre-vingt-dix jours.

Il est évident que nous mourrions tous après une si longue période de jeûne. Le jeûne mal mené ou trop long est néfaste. Le jeûne est un exercice exigeant, qui met en jeu toutes nos forces et nos énergies; il convient donc de ne pas outrepasser ces forces et ces énergies, et de les utiliser sciemment.

Outre les jeûnes politiques ou mal menés, il existe des jeûnes héroïques, faits par des personnes condamnées par la médecine traditionnelle et qui décident de faire un pari final: guérir ou mourir. Elles exercent leur dernier espoir en jeûnant jusqu'au dernier souffle si la guérison ne survient pas.

Ces jeûnes héroïques ne sauraient se dérouler dans les cliniques de jeûne; d'ailleurs, les dirigeants de ces établissements seraient vite traités de fous. Dans notre société, nous n'avons pas le droit de mourir en jeûnant. Ces jeûnes héroïques suscitent l'admiration ou la désapprobation et font l'objet d'une grande controverse. Ne réglerait-on pas le problème en laissant chacun choisir sa voie?

L'issue d'un jeûne héroïque est imprévisible, mais parfois positive. Un docteur en psychologie atteint du cancer du foie et condamné à mourir en deçà de six mois a jeûné pendant vingt et un jours. Trois ans plus tard, il est en grande forme, a les joues roses et continue à jeûner deux semaines par année pour se maintenir en santé. Son médecin prétend qu'il s'est trompé de diagnostic, mais le psychologue ne s'en soucie plus. Il est en vie et très heureux de l'être.

Une lettre ouverte adressée à un quotidien montréalais exprimait la colère d'un homme atteint d'un cancer généralisé, qui s'était vu refuser l'accès aux cliniques de jeûne. L'auteur manifestait son désarroi devant ce manque de liberté; il ne blâmait pas les maisons de jeûne, mais plutôt le gouvernement et les lois médicales de son pays, qui lui interdisaient le choix de disposer comme il l'entendait de sa santé et de sa mort.

La mort à la suite d'un jeûne héroïque n'est aucunement macabre: elle est l'aboutissement serein d'une vie, choisie par une personne consentante et très bien informée des scénarios possibles qui l'attendent. Mais cette acceptation est loin d'être admise dans nos sociétés de consommation qui ont remis la vie — et donc la mort — entre les mains des médecins; la contestation obstinée de quelques hérétiques demeure exceptionnelle et illégale.

Enfin, une mort subite peut survenir sans prévenir, dans un centre de jeûne ou ailleurs. Des gens qui semblent bien portants sont parfois de grands malades qui s'ignorent; on sait par ailleurs que les diagnostics médicaux ne sont pas toujours clairement établis et ne reflètent pas toujours la réalité. Bien des gens sont souffrants, mais la science actuelle n'arrive pas à diagnostiquer leur état, encore moins à les «traiter» convenablement.

Roger, alors âgé de 57 ans, avait décidé de jeûner pour cesser de fumer et de boire. Il avait déjà subi un infarctus, mais son médecin lui avait dit que son état de santé n'inspirait aucune crainte: Roger était un «cardiaque en compensation» et ne prenait aucune médication. Il a jeûné sept jours. À la fin du jeûne, il entama sa période de récupération et décéda le deuxième jour. Une autopsie fut pratiquée; le médecin pathologiste a constaté que le cœur de Roger était si détérioré que le diagnostic de «cardiaque en compensation» était une grave méprise. D'après le pathologiste, Roger était littéralement un «mort ambulant»; son cœur était si endommagé qu'il aurait pu mourir n'importe où et n'importe quand. Le pathologiste révéla enfin que tous les tissus de l'organisme étaient sains, excepté le cœur, et que le décès ne pouvait être lié au jeûne. Comme Roger est decédé dans un centre de jeûne, le ministère de la Justice a fait enquête, de même que la Corporation professionnelle des médecins; tout cela provoqua un brouhaha médiatique sensationnel. «Le jeûne tue», clama le titre d'un journal. Si Roger était décédé à l'hôpital, les médias n'en auraient jamais parlé.

Doit-on pour autant douter de la valeur thérapeutique du jeûne?

Jeûne et recyclage

Notre corps est un recycleur remarquable: il désagrège ses tissus endommagés et réutilise les matériaux obtenus pour reconstruire des tissus neufs. Ce recyclage est possible pour une raison très simple: le nombre de composés chimiques présents dans la cellule, pourtant complexe, est étonnamment bas.

La cellule accomplit cette économie en utilisant un même composé pour des fonctions très variées. Par exemple, elle peut se servir d'une protéine pour bâtir les tissus de notre organisme, pour fabriquer des messagers chimiques, telles les hormones, ou pour produire de l'énergie.

Les gras, comme les protéines, sont polyvalents. Ils peuvent servir de matériau de construction (toutes les membranes des cellules sont composées d'une double couche de gras), de combustible énergétique à haut rendement, de transporteur de vitamines, ou d'isolant pour l'organisme.

Nos cellules recyclent les matériaux et se les échangent, les mêmes composés de base se répétant d'une cellule à l'autre. En fait, nos cellules sont composées essentiellement des acides nucléiques (qui forment les gènes), des mêmes 20 acides aminés qui composent toutes les protéines du corps, des hydrates de carbone et des gras.

Notre vie physiologique se construit donc à partir de composés chimiques relativement peu nombreux, qui sont recyclables et interchangeables. Cette capacité de recyclage est la condition première de notre survie en jeûne; elle permet à notre organisme à jeun de se nourrir de toutes les structures usées qu'il démantèle ainsi que des déchets qu'il recycle.

Jeûne et maigreur

Aussi surprenant que cela puisse paraître, on peut grossir grâce au jeûne.

La maigreur est parfois un signe de toxémie: elle résulte alors d'une faible capacité de digestion et d'assimilation. La maigreur peut également résulter du surmenage, du manque de repos et d'une alimentation inadéquate.

Le jeûne procure un repos complet au système digestif engorgé et atone. Les glandes se régénèrent, les muqueuses se dépolluent et l'intestin se nettoie profondément. Après le jeûne, le système digestif peut accomplir sa tâche avec brio: l'assimilation est meilleure et l'organisme mieux nourri peut atteindre un poids normal.

Est-il dangereux de jeûner quand on est maigre? Une personne qui présente un poids sous la normale perd moins de poids que les autres quand elle jeûne. Le jeûne en repos se déroule sans gaspillage d'énergie. Si cette perte de poids, même légère, n'est pas souhaitable, on la contrôle par la consommation de jus de fruits frais, bus tous les jours ou tous les deux jours. La prise de jus de fruits est programmée judicieusement: cet apport d'énergie sert à maintenir le poids, mais ne doit pas atténuer le processus d'autolyse de l'organisme. Il n'est pas un prétexte à un accroissement de l'activité physique, et le jeûneur doit garder le lit pour continuer à stimuler l'autolyse de tous ses tissus.

Jeûne et maladies virales

Aucun médicament ne combat les virus. Un antibiotique agit contre les bactéries, mais jamais contre un virus.

Les bactéries vivent partout, tant à la surface qu'à l'intérieur de notre corps. Elles se nourrissent du sébum de la peau, de la salive, des sécrétions de la bouche, du nez, des oreilles et du vagin. Quand toutes les muqueuses sont saines, la population de bactéries qui y survit est équilibrée.

Quand un tissu est envahi par un virus, les bactéries qui le parasitent changent: elles se multiplient et infectent le tissu malade. Le plus souvent, on prescrit des antibiotiques qui tuent les bactéries antipathiques. On se débarrasse des bactéries mais le virus, toujours présent dans le tissu affaibli, n'est pas détruit par l'antibiotique. Le tissu reste endommagé et affaibli, ce qui favorise tôt ou tard le développement de nouvelles colonies de bactéries pathogènes. Surviennent alors des inflammations à répétition: otites, sinusites, bronchites, acné (qui provient du parasitage d'une bactérie, le *propionum acnes,* sur une peau malsaine), selon le lieu de l'endommagement.

La seule arme efficace pour détruire un virus est l'anticorps fabriqué par nos cellules de défense. Pendant le jeûne, notre système de défense peut se consacrer entièrement au combat immunitaire contre les virus qui ravagent les tissus de l'organisme. La destruction accélérée des virus et la réparation du tissu endommagé grâce aux processus d'autolyse assurent une guérison complète; il n'y a pas de récidive de l'inflammation.

Jeûne et âge

Les enfants jeûnent: quand ils ne se sentent pas bien, ils refusent d'instinct la nourriture. Bien des parents s'en inquiètent et poussent l'enfant à manger contre son gré. Ils devraient plutôt inciter leur bambin à garder le lit et lui lire des contes pour qu'il se repose.

On croit toujours que l'enfant privé de nourriture pendant quelques jours affichera des retards de croissance dramatiques. En fait, c'est l'enfant toxémique qui accumule un véritable retard de croissance, alors que l'enfant sain grandit en santé. L'enfant est comme l'adulte: sa toxémie crée la maladie dans son organisme; tout au long de sa croissance, il doit combattre continuellement les manifestations de son état toxémique (allergies, asthme, sinusite, troubles cutanés, infections à répétition, etc.). Sa croissance peut en être perturbée, car les tissus malsains et engorgés de toxines ne croissent pas harmonieusement. Les traitements médicamenteux aggravent l'état toxémique; ils produisent des résidus chimiques dans l'organisme et ne guérissent rien. Seule une détoxication profonde soulage l'enfant de ses problèmes toxémiques.

L'enfant qui jeûne réagit vite et fort: sa détoxication est beaucoup plus rapide que celle de l'adulte. Dès le deuxième jour de jeûne, son haleine est fétide et sa langue devient très blanche. Son corps devient très chaud, et son élimination rapide se traduit souvent par des diarrhées ou des vomissements. Il devient amorphe, garde le lit, mais a besoin de compagnie.

On calcule que le jeûne d'un enfant ne doit pas dépasser en jours le chiffre de son âge. Par exemple, un enfant de quatre ans s'abstiendra de manger un maximum de quatre jours; un enfant de six ans ne jeûnera pas plus de six jours.

Au sein de certaines familles, les enfants sont habitués dès leur plus jeune âge à jeûner; ils acquièrent une forte capacité d'autolyse, ce qui permet au jeûne de se dérouler sans embûches. Chez les enfants traités régulièrement avec des médicaments, le jeûne devrait d'abord faire l'objet d'une consultation sérieuse auprès d'une personne compétente en la matière. Si on décide d'aller de l'avant, le jeûne devrait être supervisé par un professionnel.

Un jeûne de quelques jours ne retarde pas la croissance de l'enfant, qui reprend très vite son poids normal après le jeûne.

Mais les préjugés concernant le jeûne des enfants sont coriaces; par exemple, on croit qu'un enfant qui ne mange pas est nécessairement maltraité. Or on le maltraite si on le gave quand il est malade.

Une personne âgée présente les mêmes aptitudes au jeûne qu'un jeune adulte. Les obstacles ne découlent pas de l'âge comme tel, mais de l'état de santé général. On peut être âgé et avoir un cœur solide, un système nerveux vigoureux et de bons réflexes. Le jeûne se déroule alors sans entraves même si, en général, les réactions d'autolyse sont plus lentes.

Avec l'âge, le métabolisme ralentit: en vieillissant, on digère moins vite, on marche moins vite, on préfère le calme à l'excitation. Ce ralentissement n'est pas pathologique; il est normal. C'est pourquoi une personne âgée aura besoin de jeûner plus longtemps qu'une jeune personne pour se détoxiquer de façon satisfaisante. Un jeûne de vingt et un jours chez une personne âgée de 65 ans équivaut à un jeûne de sept jours chez une personne âgée de 20 ans.

CHAPITRE IX

Les états psychologiques du jeûneur

LES ÉMOTIONS DE MICHELLE

Deux journées de calme et de détente ont passé. Michelle n'a plus la nausée, elle a mal à l'estomac. Elle est allongée dans son lit et ne bouge pas. La superviseure lui recommande de couver sa chaleur et d'être patiente.

Michelle veut de tout cœur guérir cet estomac récalcitrant; elle est même excitée à l'idée d'en arriver là. C'est pour ce moment tant attendu qu'elle jeûne depuis neuf jours. Mais, sans qu'elle ne puisse l'expliquer, Michelle se sent irritable et impatiente.

Durant la soirée, elle reçoit un appel téléphonique de son amoureux. Elle lui raconte ses malaises, lui confie que la journée a été pénible et qu'elle se sent nerveuse; ses élancements à l'estomac l'irritent. Elle attend de son amoureux qu'il l'encourage. Mais il a des doutes et remet en question son choix de jeûner. Il trouve extravagant une telle privation et craint qu'elle ne s'affaiblisse et se crée des problèmes de santé. Michelle, déçue par ce manque d'empathie, le rassure sur l'efficacité de la thérapie qu'elle a choisie, et lui avoue qu'elle aimerait bien être encouragée, car elle se sent fragile et très sensible. Un malaise peut énerver, même s'il est utile et qu'il nous informe du travail qui se fait dans notre corps. Elle lui demande de respecter son choix et lui promet qu'elle en reparlera avec lui quand son jeûne sera terminé.

Son amoureux se confond en excuses; il ne sait que penser de tout cela; il voulait seulement la mettre en garde. Une gêne accablante s'insinue entre eux et ils terminent leur conversation sans faire la paix.

Michelle est attristée, et cette peine ajoute à son malaise. Elle se sent prise dans un piège, ne sachant plus si elle a mal à l'âme ou à l'estomac. Sa gorge se serre. Elle ne peut résister à cet assaut de cafard et se met à pleurer à chaudes larmes.

Elle aurait aimé que son ami lui témoigne plus d'écoute et de compréhension. Elle était si fière de lui dire que son jeûne portait fruit et que son estomac était en crise de détoxication. Mais il n'a pas compris. Michelle ne veut pas se brouiller avec lui, ce serait inutile. Mais elle ne peut taire sa colère contre son amoureux qu'elle trouve borné; elle donne un coup de poing dans son oreiller et une ultime contraction de tout son corps la secoue de ses dernières larmes.

Sa révolte est épuisée. Michelle se dégonfle enfin et se laisse aller à son épuisement. Elle se sent vidée. Son oreiller est tout mouillé. Elle a l'impression d'avoir expulsé toute la peine enfouie dans le plus profond de son être et elle se sent à bout.

Elle tend mollement le bras pour prendre son verre d'eau et boit une gorgée. Son malaise à l'estomac a disparu. Michelle s'endort et son sommeil est lourd et profond.

THÉRÈSE FAIT DU MÉNAGE

À la maison, quand Thérèse se sent maussade, elle fait du ménage; elle ramasse tout ce qui lui tombe sous la main: la poussière, les vêtements de la veille, les cendriers remplis et les papiers d'emballage de biscuits ou de tablettes de chocolat qui traînent sur les tables. Elle replace tous les chandails dans les tiroirs, modifie le contenu de ses armoires et change les tasses de place. Il faut que cela change. Ramasser les saletés change son humeur; c'est comme si elle nettoyait ses idées noires en même temps.

Elle aurait souvent eu le goût de faire la femme de ménage pendant son jeûne. Mais la consigne est de rester tranquille. Tout ce qu'il faut pour affronter ses pensées sans s'y soustraire et sans s'en distraire. En jeûne, on ne grignote pas, on se repose tout le temps. La vie intérieure prend de l'ampleur: c'est fascinant, mais parfois embêtant.

Au lieu de dépoussiérer ses meubles, Thérèse a l'impression de dépoussiérer son esprit. Des souvenirs vieux et lointains remontent à sa mémoire. Ce sont de vieux regrets, des événements de sa vie qui lui ont fait mal et qu'elle n'avait pas le choix d'oublier pour éviter la douleur. C'est curieux que le jeûne lui remette tout cela dans la tête!

Thérèse laisse ces émois l'envahir, en secret et en silence. Elle se les dévoile, discrètement et pour elle seule. Cela fait longtemps qu'elle assume tout, et elle continue de le faire, après vingt-trois jours de jeûne, décoiffée et silencieuse, se détoxiquant de son arthrite et de ses émois secrets.

Thérèse est de la génération des femmes qui ne parlent pas d'elles; dès son enfance, elle a appris à se taire, à se discipliner, à ne pas déranger les autres avec ses désirs et ses émotions, et à se tenir droite même lorsqu'elle avait envie de tomber de fatigue ou de fondre en larmes.

Quand Thérèse s'est mariée, elle a découvert l'amour à mots couverts, à la devinette et dans le noir. Il fallait exprimer la passion discrètement.

Thérèse se secoue de sa rêverie; avec l'éducation qu'elle a reçue, elle ne devrait pas penser au sexe à 56 ans. Elle regarde l'heure, tapote son oreiller et y pose sa tête décoiffée.

Le film de sa vie reprend. C'est une vie très riche, pleine de nuances, de lumières et d'ombres. Elle ne l'avait jamais vue comme cela auparavant.

PAUL N'A PLUS DE MALAISES

Paul n'a plus mal aux jambes. Il entamera donc sa récupération demain; il est content d'avoir prolongé son jeûne: il a tenu le coup et sa patience a porté fruit! Quand il se sentait découragé, il y avait toujours quelqu'un pour le faire sourire. Car Paul supporte mal la solitude. La vie est faite pour bouger, pas pour remâcher de vieilles peines et se plaindre des choses du passé. Vaut mieux regarder en avant.

Quand il sentait la nostalgie l'envahir, Paul se berçait un peu plus vite, montait le son de sa radio et attendait que l'alerte passe. Sa thérapie, ce n'est pas l'introspection, mais la diversion. Et tant pis pour les psychanalystes et les chercheurs de souvenirs pénibles! Paul admet toutefois qu'il a les idées claires depuis quelques jours. En jeûnant patiemment, il a trouvé des solutions aux quelques ennuis qui le préoccupaient à son arrivée au centre et planifié de nouveaux projets, au travail comme à la maison. Il a surtout hâte de revoir sa compagne.

Paul se sent allégé de six kilos et du nuage de fumée qui brouillait ses nuits et sa tête. Il n'a plus envie de fumer. Le tabac lui a procuré une telle nausée lorsqu'il s'en est détoxiqué qu'il saura résister aux tentations futures. Il ne voudrait pas recommencer cette détoxication nauséeuse.

Changements et bouleversements

Marie se rend travailler tous les matins à la même heure, après avoir bu un café sans sucre. Elle connaît par cœur les lieux où elle gagne sa vie: il y règne la même odeur, la même température et la même ambiance depuis toujours. Les mêmes sourires sont échangés après les mêmes préambules. Tous les après-midi se déroulent, inlassablement, dans la même atmosphère d'engourdissement qui suit l'heure du lunch, à laquelle succède l'impatience que l'après-midi se termine le plus vite possible. Marie vit dans une routine sécurisante et stable; elle connaît son rôle et possède une vie encadrée.

Un jour, elle doit changer d'emploi, à la suite d'un plan de rationalisation des ressources humaines et se retrouve dans un service où elle ne connaît personne. Elle accepte sa mutation, mais s'en trouve bouleversée: sa routine est rompue. Elle devient «anonyme» dans un nouveau milieu de travail dont elle ne connaît pas la culture. Elle a perdu les mille et un repères qui définissaient le temps et les comportements. Elle se sent désorientée.

Un journaliste européen est pris en otage par un groupe de revendication politique. Il est placé dans une pièce isolée, sombre et humide. Il ne peut plus communiquer avec le monde extérieur; même sa famille est sans nouvelles de lui. Sa personnalité en est altérée en quelques jours. Son identité et ses valeurs deviennent floues et incertaines. Il n'est plus le journaliste politique le plus lu;

il est un otage avec un numéro. On lui donne de la bouillie infecte à manger et on ne lui parle qu'avec des signaux, car ses détenteurs ne connaissent pas sa langue. C'est le vide autour de lui; il ne peut plus se fier à des références ou à des stimuli connus, l'avenir qu'on lui réserve est incertain et un état de torpeur l'envahit. S'il ne s'adonnait pas à certains exercices mentaux pour se rattacher à la réalité, il deviendrait complètement «schizo».

Les deux exemples qui précèdent montrent bien que notre personnalité est influençable. Quand notre environnement, nos références et nos relations avec les autres changent de façon soudaine, nous sommes désorientés. Quand nos habitudes sont modifiées, nous devenons perplexes, indécis, car notre réalité n'est plus la même. Par exemple, la personne qui change ses habitudes alimentaires doit s'abstenir de consommer des aliments qu'elle aimait et modifier ses goûts. L'exercice provoque le plus souvent des humeurs confuses, de l'impatience, de l'irritabilité.

Pourquoi sommes-nous si sensibles aux changements? Pourquoi notre personnalité n'est-elle pas entièrement à l'épreuve des fluctuations d'emploi, d'environnement ou de régime alimentaire? Parce qu'en étant sensible aux changements, notre personnalité peut s'adapter à des réalités différentes et rester flexible. Si notre personnalité était rigide et figée, nous ne pourrions pas composer avec les nouvelles conditions de vie.

La structure de la personnalité

Notre personnalité est formée par notre conscient, qu'on appelle l'*ego* ou le moi, et par notre inconscient, qui inclut tous les phénomènes de la personnalité qui échappent à la conscience.

Notre moi s'exprime par le «je»: ce que je fais, ce que je sais, ce que je comprends, ce que je ressens, ce que je décide...

C'est notre moi qui réfléchit, parle, bouge, donne des ordres et accomplit des choses concrètes. Notre moi nous guide dans notre vie de tous les jours. Il est lucide et il interprète la réalité, afin de la rendre cohérente.

Le moi inclut toutes les facettes de notre personnalité consciente; il s'est édifié depuis l'enfance, d'après les expériences qui ont agi avec force sur nos émotions et sur notre façon de comprendre notre milieu. Année après année, nous avons structuré notre vision personnelle de la réalité et de notre rôle, et nous vivons d'après les normes que notre vécu nous a amenés à codifier.

Notre moi se souvient donc des expériences vécues et il élabore des modèles de comportement basés sur ce qu'il a déjà expérimenté. Il perpétue les schémas élaborés dans le passé et s'en inspire pour comprendre le présent.

Comme le moi codifie nos comportements appris, il nous permet de vivre en société; il censure et prévient le jaillissement de comportements pulsionnels. Cette censure sociale du moi est fréquente. Quand nous éprouvons, par exemple, une forte pulsion de colère, notre moi freine notre envie de poser des gestes regrettables. Ou encore, il censure des désirs sexuels spontanés qu'il serait jugé obscène d'exécuter dans certaines situations.

Quand les sensations et les expériences vécues sont conformes avec ce que nous connaissons déjà, notre moi est maintenu tel quel, voire renforcé. Notre «je» n'est pas confronté, et nous sommes fidèles à notre vision acquise de la réalité. Mais souvent, le moi devient rigide et élimine de la conscience tout ce qui n'entre pas dans les schémas déjà élaborés. Ce moi limite notre perception de la réalité: les refoulements et les conditionnements qui en découlent nuisent alors à notre épanouissement.

Par exemple, une personne qui vit un grand chagrin amoureux peut croire que l'amour ne provoque que souffrance et ennuis. Si elle intègre cette façon de voir, elle appréhendera toute nouvelle expérience amoureuse et appauvrira ses perspectives d'épanouissement. Son moi s'ancrera dans une vision déformée de la réalité, élaborée sur la base d'expériences incomplètes ou traumatisantes.

Le moi nous permet donc de structurer la réalité et de vivre en société, mais il peut devenir un carcan, une prison. La modification du moi, dans le sens d'une plus grande flexibilité, devient donc une stratégie importante lorsque l'on désire améliorer son sort et être libre.

Modifier le moi rigide

Le moi est appelé à se modifier quand le milieu extérieur change; il est déstabilisé quand les stimuli habituels sont diminués ou éliminés.

Marie qui change de service et le journaliste séquestré voient leur moi se transformer à la suite des nouvelles conditions de vie qu'ils expérimentent. Ils ne peuvent plus se fier aux comportements appris, car ils sont placés dans une situation inédite.

Le jeûne est un changement comparable: il est une dérogation à nos habitudes de vie puisqu'on ne mange plus pendant quelques jours ou quelques semaines. C'est une modification majeure de nos stimuli sensoriels.

Manger nous nourrit, nous réconforte et nous apaise. Nous mangeons tous les jours dès la naissance, du moins, dans nos sociétés industrialisées. Manger est un acte primaire, vital et universel. Nous éprouvons du plaisir et du contentement en consommant des mets succulents. À la nourriture sont également associés des rites et des traditions: il est convivial de manger avec des gens que l'on aime. On offre toujours de la nourriture à nos visiteurs, qui seraient bien mal vus de refuser. Et puis, il y a les recettes du pays, les recettes de nos grands-mères et celles qu'on rapporte de nos tribulations touristiques, qui sont aussi importantes que notre choix de musique ou de vêtements. La nourriture fait partie de notre culture.

Manger a donc une dimension affective: on se délecte des aliments préparés par des personnes aimantes; on se gratifie en se confectionnant de bons petits plats; on se console même en mangeant un peu plus que notre corps ne l'exige. L'acte de se nourrir se lie à des émotions, à des moments particuliers ou à des souvenirs que nous aimons reproduire.

Ressentir la faim et l'assouvir et sentir la présence des aliments dans son corps nous rassurent. La nourriture réchauffe notre corps, l'assoupit, l'alourdit ou l'excite.

Notre vie intime, familiale et sociale est largement conditionnée par nos habitudes alimentaires.

Le Dr Sebastiano Magnone, un médecin italien qui s'est penché sur les aspects psychiques du jeûne, affirme que la nourriture joue un rôle si prépondérant dans le maintien de notre moi que l'abstention totale de nourriture pendant le jeûne produit des effets inédits sur notre vie psychique.

Pendant le jeûne, la modification des stimuli sensoriels est majeure: on ne mange plus la nourriture qui excite les sens et déclenche une chaîne de sensations métaboliques et psychologiques. On ne dispose plus de l'encadrement que nous procurent l'organisation et la consommation des repas. Par conséquent, on ne peut plus se fier aux repères habituels: que fera-t-on avant dîner s'il n'y a pas de dîner? Quand éprouvera-t-on le plaisir de manger s'il n'y a plus de repas? Si l'ennui survient, comment pourra-t-on s'en échapper si on ne peut fouiller au réfrigérateur pour se trouver un amuse-gueule? Si on est attristé par des émotions négatives, comment pourra-t-on s'en détourner si on ne peut consommer des douceurs? La nourriture constitue en quelque sorte un cordon ombilical qui nous lie à la matière et au quotidien.

Une fois détachée de nos liens solides avec la nourriture, notre psyché s'active et se vivifie. Notre vie émotive et inconsciente se manifeste plus clairement, car nous ne disposons plus des aliments pour camoufler nos peines et nous détourner de nous-mêmes; en fait, la privation sensorielle qu'est l'exercice du jeûne provoque rapidement une certaine déstabilisation du moi. Le moi devient plus flexible, plus disponible et plus perméable. La conscience se modifie, tout en restant intègre.

L'assouplissement du moi amène un contact plus clair avec l'inconscient; les barrières conscientes, que nous avions posées pour refouler des émotions négatives ou oublier des épisodes traumatisants, sautent.

De vieilles peines reviennent nous hanter; ce sont, la plupart du temps, des deuils, des déceptions, des conflits de travail, des séparations douloureuses dont l'effet traumatisant a été nié ou refoulé; la résurgence des émotions qui y étaient liées montre que ces souffrances n'étaient pas évacuées. La décharge d'énergies bloquées se manifeste comme une crise de rejet d'une partie de soi-même et permet de revivre ces épisodes traumatisants. Ils sont de la sorte éliminés et les conflits internes diminuent. Il en résulte une hausse de la conscience de soi. La libération des charges émotives qui se comportent comme des corps étrangers au sein de la personnalité psychique est thérapeutique.

Le Dr Magnone observe une autre modification psychique amenée par le jeûne: c'est la possibilité d'établir des rapports intimes avec son «soi».

Le soi est le centre intérieur, qui guide l'évolution et l'enrichissement de la personnalité. Cet élément de la personnalité émerge de la conscience pour agir concrètement, à cause de la capacité du moi qui jeûne d'avoir une attitude passive, réceptive.

Il est connu que quand on jeûne, on a plus de mémoire, plus de lucidité, voire une intuition aiguisée. On résout souvent des problèmes et on planifie le futur de façon plus claire. On ressent une sensibilité accrue, qui nous mène vers un état d'harmonie avec nous-mêmes.

La déstabilisation partielle du moi en cours de jeûne est donc positive, car en y faisant face, on règle des conflits refoulés et on reprend contact avec ses désirs profonds et positifs.

Le jeûne représente donc un formidable voyage intérieur, car il remue des forces psychiques et mentales qui étaient freinées; cette restructuration psychique produit des effets qui se répercutent au-delà du jeûne. Le Dr Magnone précise que le jeûne amène parfois des tournants décisifs pour la personne qui s'y investit corps et âme. Après avoir scruté et découvert les sources d'insatisfaction de sa vie personnelle, le jeûneur retourne à sa vie normale avec une lucidité accrue, et il peut entreprendre de corriger les sources d'insatisfaction qui le rongent.

La pratique du jeûne demande donc une participation tant psychique que physiologique de notre part. La détoxication physique de l'organisme procure par elle-même un mieux-être psychologique. Au fur et à mesure que progresse la détoxication physiologique, l'état de l'organisme s'améliore et le jeûneur se sent de mieux en mieux. Une personne dont l'organisme est détoxiqué éprouve une profonde sensation de paix et de sérénité. Elle ne se sent plus tourmentée et inquiétée par ses maladies et ses malaises.

Enfin, si nos troubles physiologiques sont d'origine psychosomatique, la détoxication et le rééquilibre physiologiques amenés par le jeûne ainsi que l'assouplissement thérapeutique du moi qui facilite la résolution de conflits internes, procurent un effet combiné de guérison psychologique et physiologique: puisqu'il est résolu sur les plans psychologique et physique, le problème psychosomatique est définitivement éludé.

Le jeûne est provocateur: il stimule notre vie psychique et remue notre vie intérieure. Il éveille tant notre corps que notre esprit, et la personne qui l'expérimente en retire une vision élargie d'elle-même.

Être mieux dans sa peau

En somme, rechercher la santé et le bien-être oblige à se pencher sur soi. On découvre une foule de sensations et de douleurs causées par le stress ou par de vieilles tensions non résolues. Mais il faut un certain courage pour revivre des peines enfouies et conquérir un nouvel équilibre émotif et physique.

Le Dr Sara Bringa, qui supervise des jeûnes en Italie, a si bien compris cette dynamique que son centre de jeûne est devenu un centre de thérapie: la diétothérapie.

Le Dr Bringa était chirurgienne. Accablée de malaises que la médecine traditionnelle ne guérit pas (insomnie, fatigue, migraines), elle a jeûné pour améliorer sa santé. Cette expérience a changé sa vie; le mieux-être qu'elle en a ressenti l'a tellement surprise et comblée qu'elle est devenue «obsédée» par l'idée de la faire connaître aux autres. Elle a décidé de fonder une clinique; toutefois, après y avoir supervisé de nombreux jeûnes, elle s'est demandé pourquoi les gens, même lorsqu'ils étaient informés, n'adoptaient pas les meilleures habitudes pour leur santé. Elle a donc organisé des séances de thérapie et des rencontres entre les jeûneurs, pour les aider à améliorer leur perception d'eux-mêmes. Selon le Dr Bringa, c'est le manque d'amour envers nous-mêmes qui nous empêche de progresser. Des réactions de rejet et des carences affectives vécues dès la plus tendre enfance créent des tensions négatives; lorsqu'une personne manque d'estime de soi et d'amour-propre, elle n'est pas motivée à faire ce qui est bien pour elle et s'enlise dans de mauvaises habitudes de vie.

Prendre soin de soi implique donc d'être bien dans sa tête. Le jeûne est une approche globale de la personne, car il soigne à la fois le corps et l'esprit.

Cette approche coïncide avec une nouvelle vision qui valorise l'être humain dans son ensemble et le voit comme un tout indissociable. Autrefois, le corps était un objet de mortification. Puis, il est devenu un objet d'indifférence; il fallait ignorer le corps, en sublimer les pulsions et ne jamais «se flatter le ventre». Cette attitude était largement dictée par un mouvement religieux prude qui associait le péché à l'œuvre de la chair. Lorsque ces préceptes religieux ont perdu leur emprise, un joyeux laisser-aller s'est produit, en même temps que s'amorçait un changement culturel amené par une plus large ouverture sur le monde.

L'amour libre, les contacts interculturels, l'abondance et l'usage des drogues illégales ont promu le plaisir sous toutes ses formes. Mais cette surabondance a miné notre santé et provoqué ce que nous appelons aujourd'hui les «maux des ventres pleins».

Depuis quelques années, on attache une nouvelle importance au corps, à ses besoins et aux véritables conditions de son épanouissement; l'écoute des signes du corps est devenue le *credo* des gens à la recherche de la santé et de l'équilibre. «Je vis comme je vis mon corps», s'exclament les nouveaux thérapeutes. Le corps nous montre la voie, il est un univers intelligent, ordonné, qui recèle des mines d'énergie; le corps humain n'est plus un porte-cerveau; il est la mémoire et le support physique de toutes nos émotions. La recherche de la spiritualité passe donc par la recherche de l'équilibre physique; le corps ramène l'homme vers sa spiritualité car la matière elle-même est une autre facette de l'énergie spirituelle. Le psychosomatisme devient la médecine de l'âme et on ne peut plus soigner l'âme sans soigner le corps.

La pratique du jeûne s'inscrit évidemment dans ce mouvement du retour à soi. En jeûne, on n'attend pas que les autres nous soignent, on se soigne soi-même. Ce n'est pas un facteur externe comme une prescription médicale qui nous guérit; c'est dans notre for intérieur que se déroule la guérison. On se rebranche sur ses forces intérieures de guérison avant de remettre le contrôle de sa santé aux mains d'un thérapeute, si bien intentionné soit-il. Le biologiste Jean Rocan, pionnier du jeûne au Québec, appelle «animisme biologique» cette capacité de la vie de se mener par elle-même. Le corps biologique est animé par l'âme, qui est l'artisan de la guérison de l'organisme.

Ce retour sur soi force évidemment un examen de soi, plus ou moins douloureux selon les traumatismes tant psychiques que physiques qui nous ont préalablement affectés. Mais le jeu n'en vaut-il pas la chandelle?

Et puis, après un jeûne, on se sent si léger, libéré, la tête en paix!

CHAPITRE X

La réalimentation

LA DERNIÈRE JOURNÉE DE JULIE

Julie roucoule: son jeûne se termine demain. Elle avait prévu de jeûner sept jours, mais six jours lui paraissent suffisants. Elle a perdu cinq kilos et n'a pas eu de malaises pendant son jeûne. Elle observe toutefois que son sommeil est plus agité depuis quelques nuits; elle dort en gigotant beaucoup et fait des rêves fous dont elle se souvient des moindres détails. Mais en ce moment, Julie rêve éveillée: elle pense à la rencontre qu'elle aura avec son nouvel ami en sortant du jeûne. Elle ne lui a pas dit qu'elle jeûnait: elle ne veut pas perdre sa nouvelle flamme en lui révélant les secrets de sa minceur.

Elle regarde attentivement le menu de récupération dans le livret qu'on lui a donné à son arrivée: des jus de fruits, des oranges, des pamplemousses, des tomates, des melons, puis, au troisième jour, des légumes. Avec ce menu-là, elle ne grossira pas vite. On ménage son estomac après une cure de jeûne!

Si elle tombait dans une tarte à la rhubarbe, Julie, qui est très gourmande, n'est pas sûre qu'elle saurait se contenter de trois bouchées. À cet égard, le jeûne lui paraît une vraie période de vacances: elle n'a pas compté les calories depuis six jours. En jeûne, ce n'est pas compliqué: on ne mange rien et on n'a même pas faim. Alors qu'en suivant des régimes, il faut manger mais pas trop, faire de l'exercice et se sustenter de crudités au lieu de se gaver de tablettes de chocolat. Bref, il faut se contrôler tout le temps.

Maintenant que son jeûne achève, Julie souhaite devenir sage, suivre le menu basé sur les combinaisons alimentaires qu'on lui propose et essayer de manger selon son appétit. Un jour, Julie sera sage selon sa propre mesure; elle y arrivera, c'est certain.

MICHELLE REPREND DES FORCES

Depuis deux jours, Michelle ne ressent plus aucun malaise. Sa crise de larmes terminée, son mal d'estomac a fondu et n'est jamais réapparu. C'est le calme plat.

Cette absence de réactions l'étonne: il ne se passe donc plus rien? Elle ne se détoxique plus?

Et puis, elle se sent étrangement forte. Elle n'a plus l'impression d'être lente ou paresseuse comme avant. Elle se sent légère et prête à l'activité. Comme si elle ne jeûnait plus.

Ce mieux-être la surprend. Adèle lui explique que ce regain d'énergie est normal: Michelle reprend des forces, sans manger, parce que son organisme s'est détoxiqué et que son état de santé s'améliore. Surprenant pour une femme qui ne mange plus depuis treize jours! Mais c'est comme cela; son corps dépollué est plus énergique. Après-demain, elle entamera sa réalimentation.

Michelle a la sensation d'avoir accompli quelque chose de merveilleux, de vivifiant et d'inédit; elle se sent comme une aventurière qui a fait une conquête: la conquête d'elle-même.

Le repos, c'est une recette gagnante, pense-t-elle.

Une reprise graduelle

À la fin du jeûne, recommencer à manger est un véritable plaisir. C'est un retour à la vie d'une saveur inégalable. Remis à neuf par le repos, on repart avec une nouvelle forme. Mais la reprise des activités et de l'alimentation doit se faire sans hâte et avec sagesse: le premier verre de jus ne marque pas la fin immédiate de la détoxication; au contraire, la détoxication se poursuit encore quelques jours et, bien que nous mangions, les réactions d'autolyse régissent encore notre métabolisme. La reprise de l'alimentation qui suit le jeûne est donc une étape de transition qui requiert du savoir-faire.

Le menu de la réalimentation est léger; il se compose de jus de fruits frais, puis de fruits entiers. On s'imagine souvent qu'après vingt jours de jeûne, l'abstinent mérite un repas copieux. Mais s'il mangeait une pizza toute garnie arrosée de cola, il s'affaiblirait plus qu'il ne se renforcerait; il en serait même très malade. Le système digestif mis au repos pendant le jeûne ne sécrète plus d'enzymes de digestion: il serait dangereusement choqué par l'ingestion de protéines ou de féculents. Pendant les trois ou quatre premiers jours de réalimentation, on mange donc des repas de fruits qui satisfont largement notre appétit naissant.

Les fruits sont constitués de sucres simples; ils fournissent à l'organisme de l'énergie, des minéraux et des vitamines facilement assimilables; les fibres des fruits drainent les toxines intestinales produites par l'autolyse et stimulent les contractions naturelles de l'intestin (péristaltisme).

En assimilant des énergies de source externe, l'organisme ralentit sa recherche de nutriments par l'autolyse de ses réserves. L'autolyse cessera de couvrir les besoins nutritifs de l'organisme quand ses fonctions digestives seront complètement rodées et que les aliments assimilés combleront tous ses besoins énergétiques. La période de transition marquée par la diminution de l'autolyse et par la reprise des fonctions de digestion dure un temps égal au jeûne.

Notre corps met donc autant de jours à freiner ses activités d'autolyse qu'il en a mis à les développer. La période de réalimentation est ni plus ni moins la suite et la conclusion du travail de détoxication entrepris pendant le jeûne. En fait, on ressent nettement le prolongement des réactions d'autolyse, en particulier pendant la première moitié de la période de réalimentation. Il faut continuer à se reposer afin de mener ces réactions à terme.

Après quelques jours de fruits, soit au troisième ou au quatrième jour, la personne qui se réalimente peut consommer des légumes verts crus (laitue, poivrons, céleri), et des légumes verts légèrement cuits à la vapeur (brocoli, chou-fleur, haricots verts, pois mange-tout, asperges...). Si elle digère bien les légumes verts, elle pourra ajouter dans les jours qui suivent des protéines (noix, yaourt), des légumes farineux (légumes à racines) et des gras (avocat, huile pressée à froid, beurre sans sel). La progression de la réalimentation doit être adaptée au rythme et au goût de chaque personne.

Lorsque les réactions d'élimination persévèrent avec force, il est préférable de rester à la diète de fruits plus longtemps, toute une semaine s'il le faut. Il faut également respecter la réapparition, rapide ou lente, de la faim. Lorsqu'une personne affiche, même à la fin du jeûne, un surplus de poids, la faim tarde à se manifester; au contraire, la personne qui termine son jeûne avec un poids inférieur à son poids normal, montre habituellement un appétit plus féroce; ses réserves d'énergie sont plus faibles et son organisme a faim plus tôt.

La récupération des forces varie d'une personne à l'autre. En général, lorsque l'organisme est bien reposé et régénéré par le jeûne, les forces reviennent vite. Le métabolisme de l'organisme détoxiqué est dynamique et performant. Dès qu'il est nourri, le corps récupère énergiquement. Si la détoxication, par manque de temps ou de capacité, n'est pas satisfaisante, la récupération des forces est plus lente, car la période de réalimentation est marquée par des réactions d'autolyse encore exigeantes, bien que bénéfiques. Le métabolisme finit quand même par se stabiliser au niveau de performance dicté par la qualité de la régénération finale des tissus.

Le personne en récupération doit adapter son activité physique à son niveau d'énergie; elle choisira de préférence des exercices non violents et progressifs. Les muscles en repos depuis quelques jours ou quelques semaines doivent être exercés en douceur. En fait, le jeûne est comparable à un long sommeil duquel on se retire en s'étirant lentement, pour ne pas choquer le corps engourdi de repos. Les premières activités physiques consisteront à faire des marches de dix à vingt minutes, à partir du deuxième ou troisième jour de réalimentation; les marches se prolongeront de jour en jour, selon l'évolution des capacités personnelles de chacun. Idéalement, le retour au travail à temps plein devrait se faire à la fin de la récupération.

Le menu de récupération est végétarien et se compose de repas simples. On combine les aliments compatibles, dont la digestion simultanée n'entraîne pas de fermentation intestinale. On mange les fruits seuls, préférablement au petit déjeuner. Pour les autres repas, on consomme une seule protéine (noix, fromage, yaourt) ou un seul féculent (riz, blé, légumes à racines), que l'on associe avec des légumes verts. On évite de consommer ensemble des protéines et des féculents. En ingérant un seul aliment concentré par repas, on s'assure de le digérer facilement, sans fermentation intestinale et sans constipation.

Quand on récupère après un jeûne de plusieurs jours ou de plusieurs semaines, on est toujours surpris de la faible quantité d'aliments qu'on peut ingérer. On doit manger avec modération. On expérimente cependant un contentement peu commun en goûtant les aliments. Les fruits sucrés goûtent le miel tant l'odorat et le goût sont aiguisés. Rappelons que la hausse du zinc sanguin, exclusive au jeûne, procure cette sensation gustative plus vive, puisque les papilles gustatives de la bouche dépendent du zinc pour percevoir la sensation du goût. Le plaisir de manger s'en trouve décuplé.

Il importe évidemment de manger dans le calme, en mastiquant adéquatement les aliments, et en évitant les excès ou les crises de boulimie. La maîtrise de soi est essentielle pour éviter de brusquer le corps ou d'éprouver des malaises de digestion inutiles. C'est une des raisons pour lesquelles la réalimentation dans un centre de jeûne est avantageuse: on demeure encadré, et on échappe aux tentations gourmandes.

En fait, ce sont parfois nos proches qui, malgré leurs bonnes intentions, nous incitent à la gourmandise. Marie, qui avait jeûné pendant dix jours, est retournée chez elle à son quatrième jour de réalimentation. Ses amis avaient mis la table, ils l'attendaient avec un coq au vin, une bouteille de rouge et une tarte aux pommes, afin de la récompenser et de la «nourrir» après son jeûne «sévère». Marie s'est sagement désistée en s'excusant de ne pouvoir partager ce repas de fête, car la laitue et le brocoli lui convenaient davantage que la viande et le vin.

Malgré ses exigences, la période de réalimentation est remplie de choses agréables: on savoure tout avec un goût renouvelé, on reprend des forces, on jouit de la reprise de ses activités, et on se sent tellement bien. Cela nous incite à garder de bonnes habitudes de vie pour conserver les bienfaits acquis pendant le jeûne.

CHAPITRE XI

Après le jeûne

LE DÉPART DE JULIE

Julie se maquille à grands coups de pinceau. Son père vient la chercher dans une heure et elle veut paraître en forme. Elle est encore un peu pâle, mais le fard lui donne des couleurs. Elle en est à son troisième jour de récupération et est excitée à l'idée de partir. Elle meurt d'envie de courir, de sauter, d'aller voir tous ses amis et de jouer une partie de tennis. Mais elle sait qu'elle devra être prudente et reprendre ses activités graduellement.

Elle traîne sa valise jusqu'au salon, s'assoit et attend patiemment. Devinant qu'elle partira bientôt, Paul vient la saluer. Il a peine à la reconnaître sous son maquillage habile et ses vêtements de ville. Lui se promène encore en pyjama; il a l'air paresseux et débraillé.

Paul ne sait pas trop pourquoi, mais il est ému. En regardant Julie, il devine que sa propre vie l'attend, qu'il devra être un peu plus sage et que sa santé sera bonne s'il garde la forme.

PAUL RECOMMENCE À MANGER

Le premier jour de réalimentation est ce moment de grâce que Paul attend depuis qu'il a mis les pieds à la maison de jeûne: il est éveillé depuis 7 h même si ce n'est qu'à 8 h 30 qu'on lui apportera son jus de fruits fait d'oranges et de pamplemousses fraîchement pressés. Il se berce dans sa chaise pour tuer le temps. Avant même d'avoir bu son premier jus, il rêve déjà à tous les plats qu'il dégustera avec délectation quand il sera de retour chez lui; des recettes françaises, italiennes, japonaises et chinoises défilent dans sa tête. Les effluves de ratatouilles, de ragoûts, de rôtis, de bisques et de courts-bouillons lui chatouillent le nez. Son jeûne est terminé.

À 8 h 30, on apporte le verre de jus tant attendu. Paul le porte à ses lèvres et boit la première gorgée. Sa bouche se remplit de la saveur généreuse des fruits. Le jus à la robe rosée est liquoreux et son bouquet est équilibré. Paul déguste à petites gorgées cette boisson vivifiante à l'arôme capiteux. Ce suc enivrant est si nourrissant que Paul se sent rassasié avant d'en avoir bu la moitié.

Il insiste; il a l'habitude de «lever le coude» et sa maigre capacité le surprend. Il savoure encore quelques gorgées de son apéritif sucré, mais il a déjà l'estomac plein comme s'il avait dévoré tout un repas. N'en pouvant plus, il dépose le verre sur la table, s'allonge pour se sentir moins pesant et s'endort comme un ogre repu.

LA VISITE DU DIMANCHE

Thérèse est émue. Son mari, Émile, et sa belle-sœur viennent lui rende visite cet après-midi. Elle avait refusé toute visite afin de s'accorder un vrai congé et de penser à elle. Mais après vingt-sept jours de jeûne, elle aimerait bien voir Émile. Elle s'ennuie.

Émile et Monique arrivent à 14 h et se rendent à la chambre de Thérèse à pas feutrés, pour ne pas perturber la quiétude de la maisonnée.

Thérèse, qui est au lit, appuyée contre ses oreillers, accueille ses visiteurs avec une joie non dissimulée. Émile la dévisage. Il est surpris de la voir aussi en forme. Il la trouve bien un peu pâlotte, mais amincie et rajeunie. Son visage est tellement reposé qu'il lui donne l'air d'avoir quinze ans de moins. Ses boursouflures autour des yeux ont disparu; sa peau est lisse et ses yeux sont clairs. Elle semble rajeunie. Émile l'admire beaucoup d'avoir jeûné si longtemps.

Pourtant, Thérèse n'a pas l'impression d'être courageuse: le jeûne n'est vraiment pas difficile, juste long. Elle a jeûné un jour à la fois et s'est sentie mieux de jour en jour.

En fait, celle qui paraît mal en point, c'est Monique. D'ailleurs, elle camoufle mal sa nervosité et son envie de fumer. Son visage est crispé, ridé; ses traits sont bouffis et ses doigts, jaunis par la cigarette. Elle se plaint également sans arrêt de son éternel mal de jambes et des effets secondaires des médicaments qu'elle prend pour atténuer son mal. De toute évidence, les deux belles-sœurs ont une conception bien différente de la santé!

En voyant sa femme aussi radieuse et sereine, Émile est confiant. Mais il a bien hâte qu'elle revienne à la maison. Car lorsque Thérèse est au loin, il mange peu. Il a maigri. En fait, il a, en quelque sorte, fait une cure en son absence...

UNE GERBE DE FLEURS

Michelle vient de recevoir un bouquet coloré et resplendissant de son amoureux. Les fleurs sont magnifiques et égaient merveilleusement sa chambre de jeûne et de méditation. Les fleurs réchauffent le cœur de Michelle. Sa récupération s'annonce joyeuse finalement. La vie recommence avec des fruits et des fleurs.

DEUX JOURS PLUS TARD...

Paul mange depuis trois jours; il n'a jamais consommé autant de fruits de sa vie. Des pommes, des poires, des mangues, des raisins, des prunes, qu'il peut combiner avec des pêches, des fraises ou des nectarines.

Il ingurgite des pamplemousses sans sucre, des tomates sans sel et ne met pas de crème sur ses fraises. Quand il en aura terminé avec les fruits, il mangera de la laitue sans vinaigrette et du yaourt nature. Cette façon de se nourrir est nouvelle pour lui, mais il se sent repu.

Après s'être habillé, Paul sort pour prendre une marche, sa première depuis douze jours. Seul dans la vaste campagne, il marche comme si c'était la première fois de sa vie; il se sent léger, et le grand air le rend euphorique. Il est tellement content de marcher qu'il oublie de faire demi-tour au bon moment. Il revient à la maison les jambes molles et le souffle un peu court. Son corps n'est plus le même; ses muscles ont besoin d'être rééduqués.

Paul se traîne jusqu'à sa chambre, se déshabille et s'allonge. Il s'endort si profondément qu'on le réveille quand arrive l'heure du repas. Il se lève en grognant: il aurait préféré dormir; et puis, sauter un repas, ce n'est pas grave…

Pour rester détoxiqué

Après le jeûne, on est bien détoxiqué et on veut le rester. On peut prolonger cet état de bien-être en adoptant des habitudes saines et simples qui relèvent du «gros bon sens». Ces habitudes qui génèrent et préservent la santé constituent l'hygiène naturelle, un mode de vie adapté aux besoins profonds de l'organisme.

La pratique de l'hygiénisme se résume ainsi:
- une alimentation saine et rationnelle;
- un repos régulier toutes les nuits;
- un exercice stimulant et non violent;
- l'absence de surmenage;
- l'abstention de stimulants, de tabac, de drogues, de médicaments et d'alcool;
- l'adoption d'une philosophie de vie satisfaisante;
- le jeûne.

Une alimentation saine

Les opinions concernant les régimes alimentaires sont souvent contradictoires. C'est un sujet délicat, qui excite non seulement nos papilles gustatives, mais également nos passions. Pour éclairer ce sujet, il importe de revoir certains faits.

Notre corps ne crée pas l'énergie: il doit donc s'approvisionner en énergie à partir des aliments qu'il digère. Notre organisme a aussi besoin de matériaux pour se construire: nos os, notre peau, nos organes et nos cellules sont tous constitués de matériaux très précis: acides aminés, gras, sucres et minéraux. Une fois notre croissance terminée, notre organisme continue d'utiliser des matériaux nouveaux afin de remplacer les matériaux usés.

Notre corps dépend donc de l'apport extérieur d'énergie et de matière première: il est un importateur de sucres et de protéines. Et ce sont les plantes qui fabriquent et nous fournissent ces éléments nutritifs.

La réhabilitation des végétaux

Les plantes méritent notre plus grand respect: elles accomplissent des prodiges que notre corps, si sophistiqué soit-il, est incapable d'imiter. Les plantes n'ont pas besoin d'importer des sucres et des protéines: elles les fabriquent elles-mêmes.

Chaque plante est une centrale d'énergie solaire. Elle capte du gaz carbonique dans l'air, aspire de l'eau par ses racines et fusionne l'eau et le gaz pour construire une molécule de sucre, en utilisant l'énergie solaire. Si nous n'avions qu'à respirer du gaz carbonique et à boire de l'eau pour fabriquer du sucre avec l'énergie solaire, nous n'aurions pas besoin d'un système digestif. De plus, chaque plante conçoit elle-même toutes ses protéines, en utilisant l'azote de l'air. Elle constitue aussi ses propres vitamines, en puisant dans le sol et dans l'air la matière première requise. Nous sommes en cela inférieurs à la plante: nous ne fabriquons que la moitié des acides aminés que nous utilisons pour construire nos protéines, et nous fabriquons à peine la moitié des vitamines nécessaires à notre vie biologique. Alors, nous devons les prendre ailleurs, dans les plantes.

Voilà pourquoi le végétarisme est une pratique fort valable pour nourrir le corps humain: les plantes fabriquent tous les matériaux dont notre corps a besoin et qu'il ne peut faire lui-même. Nous avons paradoxalement l'habitude de manger plus de viande que de végétaux; mais les bœufs, les chèvres, les poules, les chevaux et les chevreuils que nous consommons sont végétariens; ils s'en portent si bien que nous les tuons pour les manger et «être forts comme eux». Nous pourrions éviter de faire boucherie en mangeant uniquement des végétaux.

Les plantes sont essentielles à la vie parce qu'elles fabriquent tous nos matériaux de base, mais aussi parce qu'elles nous fournissent l'oxygène sans lequel nous ne serions pas en vie. En fabriquant du sucre à partir du gaz carbonique et de l'eau, les plantes libèrent de l'oxygène. Depuis des milliards d'années, les végétaux fournissent l'atmosphère en oxygène et nous permettent ainsi de respirer sur la Terre.

Les végétariens se nourrissent donc des nutriments les plus fondamentaux et les plus essentiels à la vie. On recherchera donc le végétal frais et biologique. La cuisson et les traitements industriels détériorent les aliments. La chaleur détruit les vitamines des plantes et les minéraux deviennent moins assimilables par notre organisme.

Pour juger du degré de détérioration de l'aliment cuit ou transformé, on compare sa couleur, sa saveur et sa texture avec celles de l'aliment frais et original. Par exemple, quand on compare la couleur olive, la texture mollasse et le goût visqueux d'un pois en conserve avec la fermeté, la couleur vive et le goût très sucré d'un pois vert frais, on comprend que la mise en conserve produit des effets désastreux sur la qualité nutritive de l'aliment.

Certains hygiénistes purs et durs préconisent de ne consommer que des aliments crus, comme l'homme primitif et les primates. Jean-Claude Burger, qui a mis au point l'instinctothérapie, a vaincu un cancer grâce au crudivorisme. Le régime cru est certes idéal; mais son application requiert beaucoup de discipline.

Le régime idéal

Pour être en santé, notre organisme a besoin quotidiennement de:
- 400 grammes de glucides,
- 50 grammes de protides,
- 50 grammes de gras,
- 25 grammes de vitamines et de minéraux,
- 2,5 litres d'eau.

Les glucides

Les glucides sont les sucres que notre corps utilise comme source d'énergie ou comme matériau de structure. Les glucides comprennent les sucres simples des fruits et des légumes verts, et les sucres composés que fournissent les légumes farineux et les amidons.

On a longtemps cru que les protéines étaient les nutriments majeurs d'un bon régime alimentaire; on prenait de copieux repas de viande ou de poisson accompagnés de quelques feuilles de laitue et d'une bouchée de céleri. L'avancement des connaissances sur la physiologie de l'organisme a remis en question cette habitude: on a découvert que les protéines en excès empoisonnent le corps et que les glucides devraient composer 75 p. 100 de notre alimentation.

Les fruits et les légumes, crus et cuits, et les céréales telles que le blé, l'avoine, le riz, l'orge, comblent les besoins énergétiques et vitaminiques de l'organisme. Les joueurs de hockey qui mangeaient un bifteck avant chaque match appartiennent désormais au folklore; maintenant, ils consomment des repas de pâtes avant leurs exploits sportifs.

Les protéines

Les protéines se démarquent des sucres par la partie azotée qu'elles contiennent; cette structure différente en fait des matériaux de soutien, de structure ou des messagers chimiques dans l'organisme.

On trouve deux sortes de protéines: les protéines végétales — noix, céréales et légumineuses — et celles d'origine animale — les sous-produits animaux (lait et œufs), viandes et poissons.

Les protéines devraient constituer à peine 15 p. 100 de notre alimentation; elles doivent servir d'accompagnement à nos repas de fruits ou aux légumes, et non l'inverse.

Les Occidentaux consomment en général trop de protéines. Les tissus de leur corps se chargent alors de déchets et deviennent toxémiques; toutes nos maladies de civilisation en découlent. Mais les Occidentaux ont la dent longue et s'obstinent à manger des protéines en quantité surabondante. On a même développé une obsession pour les protéines que l'on consomme quand la fatigue ou la léthargie nous assaille. En réalité, lorsque notre menu contient trop de protéines, notre métabolisme surchargé roule à vitesse réduite.

Les protéines constituent donc un aliment essentiel, mais leur consommation doit être, dans la plupart des cas, réajustée à la baisse. Les exceptions à cette règle: les enfants en pleine croissance qui ont proportionnellement besoin d'une quantité plus élevée de protéines, les femmes enceintes, les gens qui ont subi des blessures et qui ont besoin d'un surplus temporaire de protéines pour faire des réparations tissulaires et les gens qui travaillent fort physiquement de façon régulière, tels les athlètes professionnels, les manœuvres de la construction, les acrobates de cirque ou les producteurs agricoles. Puisque ces gens sollicitent continuellement leurs muscles, ils peuvent avoir besoin d'une quantité supplémentaire de protéines.

D'autre part, il est important de donner la priorité aux protéines végétales, qui sont idéales. Elles contiennent des acides aminés en proportion conforme aux besoins de l'organisme. Il faut cependant varier les sources de protéines végétales afin d'obtenir tous les acides aminés essentiels au métabolisme du corps.

Les protéines des sous-produits animaux sont plus riches et plus complètes que les protéines végétales, et contiennent tous les acides aminés essentiels. Mais les œufs et le lait renferment autant de gras que de protéines; il faut donc les consommer avec modération, dans les proportions nécessaires à notre santé physiologique. Il est préférable de consommer plutôt des yaourts et des fromages frais, deux ou trois fois par semaine et modérer sa consommation de lait, qui est une protéine liquide. Quant aux œufs, qui contiennent beaucoup de cholestérol, on devrait les manger à la coque, une ou deux fois par semaine, et éviter de les frire dans le beurre.

Enfin, les protéines animales ne devraient être consommées qu'occasionnellement, soit au plus deux repas par semaine, par les personnes qui seraient trop «malheureuses» de s'en abstenir. Les protéines animales sont complexes: certaines comptent de 20 000 à 30 000 acides aminés; pour les assimiler, l'organisme doit d'abord les détacher les uns des autres, ce qui exige une dépense d'énergie considérable.

Les protéines végétales sont en général de constitution moins complexe et plus faciles à digérer. Elles comportent plusieurs minéraux et vitamines, tandis que les viandes en sont pratiquement dépourvues.

Les gras

Les gras sont aussi essentiels à notre santé que les sucres et les protéines. Sans les acides gras essentiels, présents dans les huiles végétales, le corps dépérit. Mais comme les protéines, les gras en excès encombrent l'organisme et lui nuisent. La proportion des gras ne devrait pas excéder 15 p. 100 de l'alimentation totale. On trouve les gras dans les végétaux (noix, huiles, avocats), dans les sous-produits animaux et dans les produits animaux. Les gras des sous-produits animaux et des produits animaux ne sont pas essentiels; notre corps peut s'en passer, car il peut les synthétiser. De plus, les gras saturés d'origine animale stimulent la fabrication de cholestérol. Leur consommation devrait être surveillée étroitement.

Les vitamines et les minéraux

Les fruits et les légumes frais non détériorés par la cuisson fournissent à notre organisme sa ration quotidienne de vitamines et de minéraux. On évalue à 25 grammes par jour les besoins de l'organisme en minéraux et en vitamines.

À propos des quantités...

Il est embêtant de comptabiliser les quantités d'aliments à consommer: certains pèsent leurs portions, d'autres comptent les bouchées; certains mangent comme des ogres et ont toujours faim, d'autres grossissent en mangeant moins que la moyenne. Alors comment jauger les quantités nécessaires à nos besoins?

Nous connaissons nos besoins réels quand nous sommes reposés et détoxiqués. Quand une fatigue harassante nous colle à la peau, nous mangeons pour l'effacer et pour nous stimuler. Dans ce cas, il vaut toujours mieux se coucher que de manger: qui dort dîne.

Notre état d'intoxication nous trompe aussi sur nos besoins physiologiques fondamentaux. Quand nous consommons des calories vides, telles que les sucreries, ou des excitants, tels que le café, l'ail, le tabac ou le chocolat, notre système nerveux est temporairement excité: il brûle des énergies que l'excitant n'a pas fournies. Nous nous sentons alors fatigués et hypoglycémiques; nous avons envie de manger, non par faim, mais par épuisement énergétique. Par ailleurs, si nous consommons des aliments qui ne sont pas vraiment nourrissants, tels que le pain blanc, les boissons gazeuses et les croustilles, notre estomac est plein, mais nous ne nous sentons pas nourris pour autant.

Quand nous mangeons des aliments nourrissants dépourvus d'excitants et nous reposons adéquatement toutes les nuits, nous pouvons réellement savoir en quoi consiste la faim et nous sentir rassasiés dès que notre corps est suffisamment bien nourri.

La quantité d'énergie que nous brûlons influence aussi nos besoins. Lorsque nous nous dépensons physiquement, nous brûlons davantage de calories, ce qui augmente notre appétit.

L'âge influe également sur la faim: plus on vieillit, moins on a besoin de manger. Un adolescent en pleine croissance a besoin d'énergie parce qu'il bouge tout le temps et qu'il construit son corps. Une personne âgée de 70 ans a un métabolisme plus lent: sa croissance est terminée, ses cellules travaillent moins vite et en moins grand nombre. Sa consommation de nourriture en sera influencée.

Quels que soient nos besoins énergétiques, il importe de respecter les proportions d'aliments: nous avons toujours besoin de huit fois plus de glucides que de protéines ou de gras. Plus nous nous dépensons physiquement, plus nous devons manger, mais tout en maintenant les proportions conformes à nos besoins physiologiques. Lorsque nous associons adéquatement les aliments entre eux, nous nous assurons d'une digestion et d'une assimilation remarquables.

Les combinaisons alimentaires

Supposons qu'une personne consomme dans un même repas deux oranges, deux tranches de pain, des œufs, du fromage et une tranche de bacon. La digestion de ce repas provoquera une sensation de lourdeur et d'accablement. Et pour cause! Plus la quantité de nutriments en présence augmente, plus le travail biochimique de la digestion devient laborieux. Digérer des aliments trop variés entraîne la mise en jeu d'enzymes différentes, qui s'inhibent les unes les autres.

Le fruit acide (l'orange) et le glucide (le pain) consommés ensemble se digèrent difficilement: l'acidité du fruit neutralise les enzymes nécessaires à la digestion du pain. Ces aliments mal métabolisés fermentent. Au lieu de les assimiler, nous les rejetons par le biais de selles abondantes et nauséabondes.

En fait, ce n'est pas ce que nous avalons qui nous nourrit, mais ce que nous réussissons à digérer et à assimiler. Un aliment que nous n'assimilons pas ne nous nourrit pas, puisqu'il ne traverse pas la paroi intestinale pour pénétrer dans notre sang; il est plutôt éliminé par les selles. C'est pourquoi il est primordial que nous consommions dans un même repas des aliments compatibles, qui se digèrent bien ensemble et n'entraînent pas de guerres «intestines» entre nos enzymes.

On simplifiera nos repas pour les rendre hautement assimilables et nourrissants: une seule protéine, accompagnée de légumes verts; ou bien un seul féculent, accompagné également de légumes verts. On évite de combiner les protéines et les féculents. On consomme les fruits seuls, ou accompagnés de yaourt ou d'un avocat.

Pour satisfaire tous les besoins de notre organisme, on variera nos menus d'un repas à l'autre, au lieu de consommer dans un même repas des aliments trop variés. Nous avons l'habitude de consommer au même repas tous les groupes d'aliments (glucides, protéines, fruits, verdure, gras). En réalité, ces repas complexes épuisent nos organes digestifs et nuisent à l'assimilation des aliments. Puisque le corps assimile mieux les repas simples, il sera bien nourri, alors qu'il sera gavé et intoxiqué si nous persistons à manger des repas complexes.

Toutefois, un phénomène assez particulier survient lorsqu'une personne adopte, du jour au lendemain, un régime basé sur les compatibilités alimentaires: elle entame sa détoxication. Ce régime alimentaire très nourrissant qui requiert peu d'énergies pour être digéré libère notre corps de tâches digestives laborieuses. Notre corps se retrouve avec un surplus d'énergie qu'il n'a plus à investir dans les processus de la digestion. Il consacre cette énergie nouvelle à d'autres tâches métaboliques: il renfloue ses tissus en dette d'énergie, et élimine avec une vigueur renouvelée les déchets accumulés dans ses organes et ses cellules. L'adoption des combinaisons alimentaires produit des signes très nets d'élimination: l'odeur corporelle change, la langue est chargée le matin; on peut même ressentir une sensibilité aux reins, ou une migraine légère, due à l'élimination prioritaire des déchets du cerveau. Curieusement, on se sent malgré tout plus énergique qu'avant; cela nous encourage à persévérer, jusqu'à ce que les signes d'élimination s'atténuent, le corps ayant atteint un nouvel équilibre physiologique. Selon l'état de santé de la personne qui applique les combinaisons alimentaires, les signes d'élimination peuvent durer de quelques semaines à quelques mois. C'est encourageant de constater la façon dont le corps persévère à se détoxiquer, quand il dispose des énergies requises pour le faire.

Lorsqu'une personne adopte ce régime après un jeûne, elle ne ressent pas ces signes d'élimination puisqu'elle est déjà détoxiquée.

Quelques exemples de menus

Le petit déjeuner

Selon Albert Mosséri, un hygiéniste français, il vaut mieux s'abstenir de manger le matin pour attendre que la bouche et l'haleine deviennent fraîches et que la faim soit importante. Quand la faim devient marquée, on mange un fruit, puis on attend que la faim se manifeste encore de façon marquée avant de remanger. Après quelques «repas» de fruits, on peut s'attabler et consommer un repas plus consistant, fait de crudités.

Le petit déjeuner de fruits est une bonne habitude à adopter. Après la nuit de sommeil, le corps est ralenti; de fait, le sommeil est un temps de jeûne et en «dé-jeûnant», on récupère de chaque jeûne nocturne. Il convient donc, comme à la suite d'un jeûne plus long, de commencer par manger des fruits.

Dans la pratique, selon les dépenses énergétiques et le niveau d'activité physique, le petit déjeuner de fruits peut s'avérer insuffisant. Un manœuvre de la construction qui commence sa journée à 6 h, travaille au froid, et qui ne déjeune qu'à midi, peut se sentir léthargique avec un seul petit déjeuner de fruits. Il peut alors manger ses fruits au lever, et, après sa toilette et ses préparatifs matinaux, manger des glucides tels que du pain. Une demi-heure après le repas de fruits, l'acidité des fruits a été neutralisée et la digestion d'un féculent n'est plus entravée. Le féculent est métabolisé lentement par l'organisme et fournit de l'énergie sur une plus longue période de temps.

Le petit déjeuner doit aussi être équilibré en fonction des autres repas de la journée. Les personnes qui travaillent à temps plein et qui disposent de peu de temps pour manger le midi prendront souvent, le soir, un repas copieux. Or quand on mange beaucoup le soir, on a en général peu faim le matin suivant. Les fruits sont sûrement suffisants pour assurer un apport énergétique adéquat.

D'autres personnes mangent peu le soir. Elles n'aiment pas aller au lit le ventre plein, pour ne pas gêner le sommeil par une digestion trop laborieuse. Elles se lèvent le matin avec une faim assez vive et ont besoin d'un petit déjeuner plus consistant. Elles peuvent alors accompagner les fruits d'un yaourt, ou bien manger quelques fruits et attendre une demi-heure avant de consommer un féculent.

Un petit déjeuner sain ne comprend ni thé, ni café, ni confitures sucrées.

La théorie selon laquelle il est dangereux pour la santé de ne pas manger le matin n'est qu'un mythe; quand on n'a pas faim le matin, on n'a pas besoin de manger. Si les autres repas de la journée sont équilibrés, tous les besoins de l'organisme sont satisfaits.

Pour bien combiner ses repas de fruits, retenons que les fruits acides (oranges, pamplemousses, ananas) se consomment avec les fruits mi-acides (pommes, poires, pêches, raisins, nectarines), mais ne se combinent pas avec les fruits doux (dattes, bananes, fruits séchés). Les fruits mi-acides se combinent avec les fruits acides, ou avec les fruits doux. Les melons se mangent seuls.

Le déjeuner

On établit son menu selon son rythme de vie. A-t-on le temps de prendre un déjeuner consistant? Le midi, un déjeuner copieux mobilise beaucoup d'énergie pour être digéré et provoque de la somnolence. Peut-on se permettre une sieste après le déjeuner?

Le déjeuner doit donc être conçu pour nous fournir de l'énergie, et non pour nous en enlever. Il comprendra des légumes verts, accompagnés de protéines ou de féculents.

Voici quelques exemples de déjeuners sains:

Repas de protéines

- Noix (amandes, noix de Grenoble, noisettes)
  Salade de crudités (laitue, céleri, poivron, tomate, chou en lamelles, etc.) arrosée d'huile pressée à froid

- Œufs frais à la coque
  Légumes cuits à la vapeur (chou-fleur et asperges)
  Crudités (courgette, poivron, céleri, brocoli)

- Fromage ricotta
  Salade (tomate, poivron, céleri, épinard et huile)

Repas de féculents

- Pain de blé entier avec avocat ou beurre
  Légumes verts cuits à la vapeur (brocoli, haricots verts)
  Crudités (poivron, céleri, laitue)

- Pommes de terre, navets, carottes avec beurre
  Salade (laitue, chou rouge, betterave râpée, céleri)

- Riz brun
  Carottes râpées, laitue
  Légumes cuits à la vapeur (pois mange-tout, choux de Bruxelles)

- Casserole de légumineuses (lentilles, fèves rouges, pois chiches)
  Crudités (poivron, courgette, carotte)
  Légumes verts cuits à la vapeur (chou-fleur, brocoli)

Chaque repas doit comprendre des crudités; c'est un aspect essentiel de tout repas équilibré. Les légumes légèrement cuits restent croustillants. Si on consomme viande ou poisson, on les accompagne de légumes cuits à la vapeur et de crudités.

Les légumineuses apportent une variation intéressante à notre menu; en les consommant avec des légumes, on évite que leur digestion soit laborieuse.

Le dîner

Le soir, le dîner complète le repas du midi: si on mange des protéines pour déjeuner, on consomme des féculents pour dîner, et vice-versa. On s'assure d'absorber quotidiennement une proportion équilibrée de glucides, de protides, de vitamines et de minéraux.

Le repas du soir devrait être suffisamment léger pour ne pas nuire au sommeil. Quand on va au lit l'estomac plein, il se produit un relâchement des muscles de l'estomac, et la digestion s'en trouve ralentie. On se lève le matin suivant avec une haleine chargée et une sensation désagréable de lourdeur. En revanche, se coucher en ayant faim n'est pas toujours propice au sommeil. Chacun adaptera donc le régime hygiéniste à son horaire de travail et à ses activités.

Le régime hygiéniste est si simple à suivre qu'on peut «s'ennuyer», dans un premier temps, des repas gastronomiques et des recettes italiennes, indiennes, vietnamiennes ou françaises auxquelles notre vie sociale et notre gourmandise nous invitent. C'est pourquoi certaines personnes choisissent de procéder par étapes au changement de leur alimentation: elles appliquent les combinaisons alimentaires pendant la semaine, et reviennent à leurs anciennes habitudes durant le week-end. Cette approche convient aux personnes qui ont une bonne santé et qui changent de régime alimentaire à titre préventif seulement. Par contre, si la vitalité est fortement diminuée par un état toxémique important, l'ingestion et la digestion de repas conventionnels sont très laborieuses. On a alors avantage à appliquer avec soin la voie hygiéniste.

Il est éminemment préférable d'améliorer ses habitudes alimentaires au stade de la prévention: on peut alors le faire progressivement, sans stress et à son rythme.

Après quelques mois ou quelques années de pratique, l'alimentation hygiéniste devient une évidence: elle est si bénéfique et naturelle que la gastronomie nous laisse indifférents. Avec le temps, on retrouve le penchant naturel et instinctif de se nourrir des fruits de la nature; ils sont si bons pour l'organisme qu'on ne peut plus s'en passer.

Les condiments

La catégorie des condiments inclut le sel, le sucre, l'ail et l'oignon, le poivre, les vinaigres, les moutardes, les piments forts, la poudre de cari, les fromages fermentés, le chocolat, le thé et le café.

Tous ces ingrédients ont une chose en commun: ils sont amers lorsqu'on les dépose à l'état pur sur la langue: on grimace en croquant une gousse d'ail ou en buvant du vinaigre. La langue n'est pas seulement un organe de plaisir, elle est la première barrière de notre système de défense. C'est par le goût que nous décidons de cracher ou d'avaler un aliment. Il suffit de regarder un enfant pour s'en convaincre: jamais il n'avalera ce qu'il juge amer.

La langue renseigne notre cerveau sur la qualité de l'aliment que nous nous mettons dans la bouche: si un aliment l'irrite, il irritera notre tube digestif.

Comme la fonction des aliments n'est pas d'exciter ou d'irriter le corps, on choisira ceux qui sont agréables au goût.

Plusieurs croient qu'une quantité restreinte de café, d'ail, de vinaigre, de sucre, de sel, de poivre et de chocolat n'affecte aucunement le corps et rend les aliments «savoureux». La consommation occasionnelle de ces condiments ne fera certes pas mourir personne, mais une consommation régulière à petites doses intoxiquera graduellement l'organisme. On sentira alors le besoin de prendre son café le matin pour se «réveiller», ou de manger un dessert pour calmer ses rages de sucre épisodiques. Le goût de la laitue semblera fade sans le vinaigre, qui empoisonne les bactéries de nos intestins et les empêchent de produire des vitamines essentielles à notre métabolisme. Sel et poivre deviendront essentiels pour redonner de la saveur aux aliments surcuits.

Et puis, une «drogue» en attire une autre; par exemple, le café crée chez les gens un goût instantané pour le sucre. Un excitant du goût crée le besoin d'une dose toujours plus grande pour produire la même excitation. Notre organisme s'en trouve de plus en plus intoxiqué, et nos muqueuses digestives, irritées.

Il est donc préférable de consommer les condiments avec une grande parcimonie. On redécouvre alors la vraie saveur des aliments; les tomates fraîches ou les concombres du jardin sans sel sont véritablement savoureux.

La modération a bien meilleur goût

La manière de manger est tout aussi importante que le contenu de nos assiettes: manger trop vite, c'est bouffer du stress. Manger sans mastiquer complique notre digestion, car les enzymes n'ont pas de prise sur les aliments non triturés. Et puis notre estomac n'a pas de dents!

Se gaver et manger plus que la vraie faim produit des troubles digestifs. Quand on sort de table la panse distendue et lourde, on soumet son corps à une grande fatigue métabolique: la seule sensation de lourdeur nous indique que notre corps est en difficulté et qu'il est débordé par la quantité d'aliments ingurgitée.

Manger avec modération est un plaisir qu'il est important d'associer à un climat de détente. En état d'intense excitation, nous ne disposons pas des énergies nerveuses propices à la digestion.

La recherche d'un équilibre alimentaire peut s'avérer longue. Les circonstances ne se prêtent pas toujours à ce que nous suivions un régime parfait; les voyages, la qualité des sources d'approvisionnement, la vie sociale et certaines humeurs ne favorisent pas toujours le suivi d'une alimentation idéale. Il faut alors concilier notre bien-être physiologique avec notre bien-être psychologique: les écarts occasionnels, s'ils sont faits avec modération, ne menacent pas nos vieux jours.

Se reposer suffisamment toutes les nuits

Quand on se repose, le corps est actif...

Que de personnes se vantent, sans bâiller, de ne dormir que quatre heures par nuit; elles sont trop actives pour gaspiller huit heures par jour à rester inertes et rétorquent que la vie est trop belle pour la dormir.

Peu familiarisés avec notre monde intérieur, nous avons souvent l'impression de perdre notre temps quand nous dormons ou nous reposons. Pourtant, le besoin de sommeil est impérieux. Les animaux dont on empêche le sommeil finissent par mourir. Ce besoin traduit la nécessité périodique d'une réparation fonctionnelle du cortex [le cerveau].

C'est pendant le sommeil, après que notre cerveau a succombé à l'accumulation de nos déchets physiologiques et à l'épuisement de nos réserves d'énergie, que le corps déploie son pouvoir réparateur: il régénère ses tissus et élimine les déchets qui lui nuisent. Nous devons donc dormir pour réparer nos tissus et pour nettoyer notre corps. Chez l'homme endormi, toutes les fonctions parasympathiques réparatrices sont exaltées et la vie animale elle-même est suspendue. Il s'agit d'un repos physiologique intégral.

Quelles que soient les sources de notre fatigue, notre corps se vivifie et se régénère pendant le repos. Qu'il s'agisse de surmenage, de fatigue musculaire, de fatigue nerveuse, de fatigue émotive ou de fatigue digestive, notre corps endormi s'active et se renfloue, se répare et se remet à neuf. Le repos est donc un exercice de rééquilibre du corps: il est vital et essentiel à notre santé.

Choisir des exercices stimulants et non violents

Suer, souffler, aller au bout de ses énergies: c'est un plaisir de perfectionner un exercice physique qui permette d'aller au bout de ses limites. Le sang est chaud, le cœur bat avec coordination, et tout le corps est tendu vers le mouvement. Le sport détend; il nous délivre du stress et produit des effets positifs tant sur notre santé mentale que physique.

Après tout, l'être humain n'est pas une plante: il faut qu'il bouge pour améliorer sa capacité cardiaque et favoriser la circulation dans ses 100 000 kilomètres de vaisseaux sanguins. La livraison d'oxygène et de nutriments à chaque cellule du corps exige une «compétence» vasculaire que l'exercice physique développe.

La circulation du sang dans les veines dépend essentiellement de notre degré d'activité physique et respiratoire. Les veines ne sont pas des vaisseaux muscularisés comme les artères; elles sont plus minces et plus élastiques et ne se contractent pas. La propulsion exercée par le cœur n'a pas d'effet dynamique sur le retour veineux. La progression du sang est alors assurée par un jeu de pression que produit la respiration. Quand on inspire, on crée un *vacuum* dans le thorax qui aspire, par la simple différence de pression, le sang comprimé plus bas dans l'abdomen. Il faut donc respirer profondément et efficacement pour favoriser la circulation dans les veines. L'exercice physique intensifie la respiration, et les muscles qui se contractent ont l'effet d'une pompe sur la circulation du sang dans les veines.

Si l'exercice régulier et modéré améliore la circulation sanguine et renforce le cœur, l'exercice trop violent, lui, l'affaiblit. Lorsqu'on termine une séance d'entraînement avec des étourdissements, des cognements douloureux dans la tête et des jambes flageolantes, c'est qu'on a probablement dépassé nos limites: tout le corps est en dette d'énergie, et les fonctions métaboliques de base sont menacées. On doit se retirer d'une séance d'exercice en se sentant encore énergique. Le but de l'exercice n'est pas d'affaiblir le corps, mais de le renforcer.

Éviter le surmenage

Le surmenage consiste à fatiguer notre corps au-delà de ses limites de récupération.

Une personne qui fume, travaille dix heures par jour, mange des repas copieux arrosés de vin et dort cinq heures par nuit devient toxémique en peu de temps; les sources de toxémie sont nombreuses, et l'organisme n'arrive pas à se débarrasser, nuit après nuit, des toxines accumulées dans la journée.

La santé est une affaire quotidienne; nous devons nous en préoccuper tout au long de notre vie, c'est-à-dire dès maintenant.

Une vie équilibrée permet d'éviter l'épuisement nerveux, communément appelé *burnout*. Trop de gens surestiment leurs forces et ne portent aucune attention à leur santé physique. Supporter une fatigue chronique abaisse notre qualité de vie, diminue notre résistance aux maladies infectieuses et crée souvent des dommages toxémiques importants dans nos organes vitaux.

Il peut arriver que nos vies soient temporairement plus stressantes, que nous devions affronter un surplus de travail ou supporter une situation familiale stressante. Il devient alors important de compenser la fatigue accumulée dès qu'une occasion se présente, par exemple, en jeûnant ou en adoptant une autre forme de repos.

S'abstenir de: stimulants, tabac, drogues, médicaments et alcool

Tout stimulant excite le corps et l'épuise. Le tabac cause 90 p. 100 des cancers du poumon et 30 p. 100 des cancers autres que ceux des voies supérieures. Le tabac est l'un des principaux agents de l'hypertension et des maladies cardiovasculaires.

L'alcool est le deuxième agent cancérigène des sociétés occidentales. Il détruit les cellules du cerveau, provoque des caillots *(thrombus)*, et cause les cancers des voies digestives supérieures. Le tabac et l'alcool engendrent 50 p. 100 des cancers. L'alcool est lié au mongolisme des enfants de mères alcooliques. Il entraîne également des morts indirectes: il est la principale cause des décès accidentels sur la route.

Les drogues altèrent le système nerveux et le dégénèrent. Elles sont cancérigènes et tératogènes (c'est-à-dire qu'elles peuvent provoquer des malformations ou la déficience mentale chez les nouveau-nés).

Les médicaments sont cancérigènes et créent une dépendance physiologique. Avant de s'en remettre à la dépendance médicamenteuse, on devrait rechercher des solutions fondamentalement saines pour maintenir son autonomie et préserver sa santé.

Adopter une philosophie de vie satisfaisante

Les écoles de pensée et de spiritualité affluent dans nos sociétés et nous offrent des philosophies fort variées. Chacun peut donc trouver l'expression spirituelle qui lui convient, selon ses mœurs, son niveau de conscience et ses exigences. Toute philosophie qui procure la sérénité est valable. Le respect de soi-même, la dignité de chacun et une vision positive qui donne un sens à sa vie demeurent indispensables au maintien de la santé psychique et psychologique. Les gens qui n'ont pas une saine estime d'eux-mêmes ne sont pas motivés à prendre leur santé en main et ont une faible résistance aux effets dévastateurs du stress.

À chacun de trouver sa voie.

CHAPITRE XII

Le jeûne des temps modernes

MICHELLE PREND L'AIR

Michelle a les jambes un peu raides: elle descend l'escalier du balcon en clopinant d'une marche à l'autre, elle pose le pied sur le sol et s'étire, comme si elle se réveillait après dix-sept jours de sommeil. C'est la première fois qu'elle marche depuis qu'elle se réalimente. Elle se sent tellement légère qu'elle ne porte plus à terre: la perte de poids a modifié sa posture et son sens de la gravité.

Michelle trouve amusant que son corps ait de nouvelles manies. Elle se tient le dos plus droit, et son ventre est détendu. Elle respire mieux également. Elle avance à pas lents afin de s'adapter à sa nouvelle démarche. Le grand air lui chatouille les joues et les narines. Elle est émue. Elle pense que la nature est magnifique, que la vie est extraordinaire et que son corps est neuf. Tout est nouveau: marcher, regarder les arbres, s'emplir les poumons de grand air. Elle est détendue et sereine.

Après une marche de quinze minutes, Michelle revient à la maison; elle monte à sa chambre pour attendre le repas du midi. Elle ne désire pas se mêler à la tablée des gens qui récupèrent à la salle à manger. Elle préfère être seule dans sa chambre pour savourer pleinement les plats de fruits qu'on lui prépare.

Et elle continue à dormir à poings fermés. Elle en profite, car elle sait que sa cure achève et qu'elle s'ennuiera de cette permission de se reposer sans retenue lorsqu'elle reprendra le cours endiablé de sa vie citadine.

ÉMILE SE RÉJOUIT DU RETOUR DE THÉRÈSE

Thérèse récupère depuis deux jours. Elle mange des fruits juteux et sucrés, mais se sent encore lente. Elle se rend compte maintenant de l'importance de la réalimentation. Elle a même l'impression d'être plus paresseuse que pendant le jeûne. On se sent plus léger sans nourriture, pense-t-elle.

Thérèse saisit bien les explications de la superviseure: l'autolyse de son organisme est encore forte et les processus de digestion s'y rajoutent; elle est dans une période de transition délicate et il lui faut être encore patiente.

Après vingt-huit jours de jeûne, Thérèse s'est décidée à récupérer même si elle avait encore la langue blanche. Sa détoxication n'est sûrement pas complète, mais elle n'éprouve plus de malaises. Elle se sent bien et ne veut plus maigrir. Et puis, elle s'ennuie d'Émile. D'ailleurs, elle lui a téléphoné pour lui confirmer que le jeûne était terminé et qu'elle mangeait. Émile a compris que sa femme revenait enfin à la maison. Mais il ne sait pas à quoi s'attendre. Va-t-elle être encore faible? Comment se nourrira-t-elle?

Émile sent bien que le jeûne de sa femme va changer quelque chose dans sa vie, mais il ne sait pas quoi. Il ne comprend pas encore cette philosophie, cette thérapeutique que Thérèse expérimente. Passer vingt-huit jours dans un lit sans manger lui semble bien étrange.

Émile pense à sa vie et à ceux qui l'entourent. Il recense les morts: la moitié de ses amis sont décédés, tous des suites de problèmes cardiaques ou du cancer. Mais Émile n'est pas prêt à trépasser. Mourir demain ou l'année prochaine, ou même dans dix ans lui paraît insensé. Il veut vivre encore longtemps!

LE DÉPART DE PAUL

Paul quitte la maison de jeûne. Il roule à 80 kilomètres à l'heure, mais le défilement rapide des arbres le fait cligner des yeux. Il a perdu l'habitude de la vitesse.

Il ralentit à 50 kilomètres à l'heure afin de se sentir plus à l'aise. Quatorze jours de «cure fermée» et le voilà devenu un chauffeur détendu! Décidément, les effets du jeûne sont vastes et variés, songe-t-il.

Paul regarde avec fascination le décor qui l'entoure; il ne l'avait même pas remarqué, deux semaines auparavant, quand il faisait route nerveusement, la cigarette aux lèvres. La fumée de cigarette l'empêchait de voir tellement de choses!

Maintenant que son jeûne est terminé, il s'amuse de la nervosité et de l'incertitude qu'il ressentait en dévalant le dernier kilomètre de route vers le centre. Il sait maintenant qu'il ne valait pas la peine de s'énerver puisque le jeûne n'est pas compliqué.

Il sait aussi que le repos lui fait du bien; il se sent décontracté comme jamais et n'a plus envie de fumer. Il conduit paisiblement. Il se sent bien, sans raison, juste parce qu'il est heureux de voir le ciel, les nuages, les gens sur les trottoirs et le soleil qui transperce les nues et l'éblouit.

Jeûner aujourd'hui

Plus le corps est faible, plus il commande;
Plus il est fort, plus il obéit[12].

Proverbe français

Nous vivons à l'heure des commandes électroniques; un bouton pour allumer un écran, une pédale sensible pour accélérer à 150 kilomètres à l'heure, et un puissant médicament pour faire disparaître instantanément une douleur vive. Jeûner est-il vraiment souhaitable, voire utile, dans une société dont la survie économique est basée sur la consommation?

La publicité nous incite à l'achat de produits nouveaux pour découvrir des sensations gustatives inédites. Même les soins médicaux sont devenus des biens de consommation «savoureux», surtout lorsqu'ils sont conçus pour les enfants.

On jeûnait dans le temps de Moïse, parce que la science médicale était rudimentaire et barbare. Aujourd'hui, la médecine de pointe est développée et appuyée par la haute technologie; on dispose de services branchés, postmodernes et aromatisés

---

12. Florence Montreynaud, Agnès Pierron et François Suzzoni, *Dictionnaire de proverbes et dictons*, Paris, Usuels du Robert, 1989, p. 70.

pour se faire soigner. Mais quels sont les véritables accomplissements de la science médicale? L'utilisation systématique de produits chimiques pour traiter la santé ne présente-t-elle que des avantages?

Une personne diabétique utilise l'insuline pour diminuer le taux de sucre dans son sang. Mais l'utilisation de l'insuline produit un effet secondaire dramatique: les plaies de la personne insulino-dépendante ne guérissent plus. Les personnes âgées diabétiques perdent toute capacité de guérir leurs plaies et courent le risque de mourir de septicémie et de gangrène.

L'hypertension est une maladie fort répandue en Occident. La médecine offre donc des médicaments qui réduisent la tension artérielle. Mais, à long terme, ces hypotenseurs rendent les hommes impuissants.

Lorsque nos organes vitaux dégénèrent, la médecine de pointe nous propose des greffes de rein, de cœur, de poumon. Mais les médicaments antirejet administrés aux greffés augmentent les risques d'un cancer. En ne rejetant plus les cellules étrangères implantées, l'organisme perd en même temps la capacité de reconnaître et de détruire ses cellules cancéreuses.

Les personnes traitées pour l'arthrite prennent des anti-inflammatoires qui ulcèrent à la longue le tube digestif. En somme, on échange un mal articulaire pour un mal digestif. C'est finalement par l'usage de suppositoires onéreux que s'opère la prise de calmants, qui ne guérissent rien.

Les hommes succombent de plus en plus jeunes à l'infarctus; ils prennent des médicaments qui éclaircissent le sang, mais le sang plus clair ne coagule plus; les risques d'hémorragie interne sont alors décuplés. Les traitements aux hormones chez les femmes multiplient les risques d'embolie; les traitements à la cortisone, quant à eux, rendent les os friables. Et l'aspirine ulcère l'estomac.

L'industrie pharmaceutique s'est tellement développée qu'on répertorie maintenant les effets engendrés par l'usage des médicaments. On continue pourtant d'espérer que ces produits nous procureront un monde douillet où la douleur n'existe pas. On prendra des pilules pour son hypertension le reste de sa vie, des somnifères pour dormir tous les soirs, et des anti-acides pour digérer tout ce qu'on aime manger. La maladie est considérée comme normale; parce qu'on la croit le plus souvent irréversible, en faire disparaître l'inconfort nous suffit.

Pour la plupart des gens, un confort asymptomatique, créé par l'usage des médicaments, est préférable à un jeûne même volontaire. Comme le jeûne induit une élimination des toxines, dans laquelle certains symptômes de toxémie se manifestent, il crée, aux yeux de la médecine, un état maladif. En laissant cette élimination s'accomplir, on encourage un état de détoxication qui peut créer de l'inconfort, bien qu'il constitue en fait une séance de régénération bénéfique à notre corps épuisé.

La médecine traditionnelle admet qu'une personne puisse survivre sans manger, mais elle n'en voit pas l'utilité; elle nie complètement la valeur thérapeutique et bienfaisante du jeûne.

La mise en lumière de cette polémique n'est pas de provoquer un affront entre deux écoles de pensée, elle ne vise qu'à donner le plus grand choix possible à la première personne concernée, la personne malade. Il est donc important de mettre en collaboration des hypothèses de travail pour promouvoir la santé et aider les gens. Il y a même urgence, car la chimification de l'environnement se fait de plus en plus menaçante pour notre santé.

D'autre part, les coûts des services de santé s'accroissent d'année en année. Et les maux courent, les maladies se multiplient, les gens souffrent, et la mort arrive toujours trop vite.

Le jeûne, une médecine?

Argan: *Mais enfin, venons au fait. Que faire donc quand on est malade?*

Béralde: *Rien, mon frère.*

Argan: *Rien?*

Béralde: *Rien. Il ne faut que demeurer au repos. La nature elle-même, quand nous la laissons faire, se tire doucement du désordre où elle est tombée...*

Argan: *Mais il faut demeurer d'accord, mon frère, qu'on peut aider cette nature par certaines choses.*

Béralde: *Mon Dieu, mon frère, ce sont pures idées dont nous aimons à nous repaître; et de tout temps il s'est glissé parmi les hommes de belles imaginations... Lorsqu'on vous parle d'aider, de secourir, de soulager la nature, de lui ôter ce qui lui nuit et lui donner ce qui manque, de la rétablir et de la remettre dans une pleine facilité de ses fonctions... on vous dit justement le roman de la médecine.*

Molière

Somme toute, le jeûne n'est pas une médecine: aucune intervention n'est pratiquée sur le jeûneur qui se détoxique lui-même, sans l'aide de personne. Le superviseur du jeûne observe les signes, les interprète et évalue la condition de la personne qui jeûne; il lui fait bénéficier de son expérience et de celle des milliers de jeûnes qu'il a supervisés. Il fournit également un encadrement confortable et tranquille pour que le jeûne se déroule dans des conditions favorisant une détente complète.

Le jeûne n'étant pas une pratique interventionniste, l'étiquette de «médecine douce» ne lui convient pas davantage. Comme l'énonçait Désiré Mérien, un hygiéniste français bien connu, se détoxiquer en jeûnant est un exercice aussi vital que manger, dormir, courir et faire sa toilette.

Les vertus du repos

Le jeûne est un repos de l'estomac, des muscles, du foie, de la bouche, de la pensée, des nerfs, du cœur et des yeux. Au lieu de s'en mettre plein les sens, on s'arrête enfin, on décroche, on s'accorde un répit, une trêve, pour reprendre son souffle et freiner le vieillissement.

En somme, nous sous-estimons la valeur thérapeutique du jeûne parce que nous ignorons les principes qui régissent notre santé. Nos connaissances en physiologie sont fort limitées; la lecture de chroniques intéressées de vendeurs de pilules naturelles s'avère souvent la seule source d'information sur la santé de bien des gens. Nous n'avons pas appris comment fonctionne l'organisme humain, bien que notre corps soit le plus important complice de notre vie. Plusieurs d'entre nous savent mieux prendre soin de leur voiture que de leur corps!

N'est-il pas temps que l'école enseigne à nos enfants le fonctionnement de leur corps et les attitudes à adopter pour le garder en santé? Les cours de connaissance de soi devraient comprendre toutes les fonctions du corps; l'élève y découvrirait alors à quel point il est une création merveilleuse et ingénieuse; la science est facile à comprendre quand elle est bien expliquée. Et l'information demeure la meilleure motivation à se prendre en main.

Prendre soin de soi, respecter ses besoins, n'est pas une religion ou un sacrifice; c'est un acte raisonné de préservation du plus précieux de nos attributs: la santé. Nous pouvons fort bien profiter des avantages que notre société d'abondance nous offre, tout en choisissant judicieusement notre mode de vie.

Et surtout, il faut arrêter de penser que le jeûne fait mourir... Au contraire, on jeûne pour revivre (Mosséri).

CHAPITRE XIII

Et demain?

Paul n'a pas recommencé à fumer, mais il a parfois trouvé difficile de résister à la cigarette. Il apprécie la vie sans tabac. Il dort mieux et se sent en pleine forme. Il a repris tous les kilos qu'il avait perdus en jeûnant, mais réussit à maintenir son poids.

Son style de vie n'a pas vraiment changé. Paul aime toujours manger de la pizza, boire un pot avec ses amis et se coucher tard. Mais il a fait une croix sur les desserts; finis les gâteaux, les tartes, les biscuits et la crème glacée! Il mange des fruits pour assouvir ses fringales de sucre. C'est en récupérant qu'il a découvert le bon goût sucré des fruits et il s'en satisfait. En fait, les aliments ont tous meilleur goût depuis qu'il ne fume plus...

Paul n'est pas pressé de retourner jeûner, mais il sait qu'un jour, quand il se sentira épuisé et mal en point, il jeûnera; il préfère cette thérapie à celle des médicaments. Il est même certain que son jeune frère serait encore en vie s'il avait jeûné.

De son côté, Michelle ne garde que de bons souvenirs de son jeûne. Elle n'a pas repris les kilos perdus. Elle se nourrit bien, combine adéquatement ses aliments et a entrepris de faire du sport: de la natation, du tennis ou de la marche, selon les occasions.

Elle fait relâche le dimanche; elle joue alors la paresseuse et se paie des petits luxes: café au lait, croissants au chocolat, poisson grillé. Elle savoure ces petits écarts qui ne semblent pas nuire

à sa santé. Un jour, son alimentation sera complètement végétarienne, mais pas maintenant.

Ses maux d'estomac ne sont jamais réapparus et elle parle du
jeûne à tous ceux qui souffrent de ce type de malaise. Son amoureux la taquine souvent sur ses idées, qu'il qualifie d'extravagantes,
mais Michelle ne s'en formalise pas. Elle croit fermement que c'est
elle qui contrôle sa santé et que son hygiène de vie la mènera loin.
Elle est en forme et fait tout ce qu'elle peut pour le rester.

Julie, quant à elle, a repris sa vie normale: elle étudie, travaille et fait la fête. Son jeûne fut une pause qui lui a permis de
reprendre ses activités avec une énergie renouvelée. Elle est
devenue une fonceuse aguerrie que la fatigue et les contrariétés
ne découragent jamais. Elle a doublé sa confiance en elle depuis
qu'elle se sent énergique et reposée.

Le jeûne a été un moment d'aiguillage et de concentration
de ses énergies et de ses désirs.

Le régime hygiéniste qu'elle a adopté lui convient parfaitement: pas de chaudrons ni de longues heures à cuisiner. Elle
mange des fruits, beaucoup de légumes crus, du fromage, du
pain et des noix.

Quand sa mère l'a vue, à la sortie de son jeûne, elle l'a trou-
vée blême:

«On dirait que tu sors de l'hôpital», lui a-t-elle dit.

«C'est vrai, a répondu Julie. On est en convalescence quand
on jeûne; on se soigne avant d'être malade.»

Puis Julie a raconté à sa mère qu'elle a rencontré Thérèse,
une belle dame qui jeûne et qui vieillit en rajeunissant.

«Mais comment peux-tu vieillir en rajeunissant?»

«Mais en jeûnant, c'est ça le truc. Au lieu de vieillir, tu
rajeunis. Et si tu es jeune, tu ne vieillis pas. C'est simple, non?»

La mère de Julie soupire; les idées de sa fille sont décidément farfelues.

Thérèse est retournée chez elle après dix jours de récupération.
Elle ne se fatiguait pas de se faire servir des repas de légumes frais et
nourrissants et croquait à pleines dents tout ce qu'on lui préparait.
Enfin, quelqu'un planifiait ses repas et faisait les courses au marché
pour elle! Elle pense à ces jours heureux pendant qu'elle pousse son
panier à provisions dans l'allée du supermarché.

Ce soir, ses petits-enfants viennent manger à la maison. Elle veut leur acheter des bons fruits, mais voudrait aussi leur donner une petite gâterie, quelque chose de sucré qui ne contient pas de sucre blanc. Elle lit l'étiquette d'un sac de barres de sésame avec noix et dattes. Cela devrait faire l'affaire.

Après être passée tout droit devant les aliments en conserve et les gâteaux en boîte, Thérèse trouve enfin des yaourts aux fruits et du fromage blanc. Elle pourra se faire une salade avec tomates, laitue et fromage arrosée d'huile d'olive. C'est maintenant son plat préféré.

Elle prépare parfois deux mets différents: l'un pour son mari, qui continue de réclamer bifteck et poisson, et l'autre est pour elle, généralement des légumes cuits à la vapeur qu'elle accompagne d'un riz ou d'un plat de lentilles. Émile est intrigué par les nouvelles habitudes alimentaires de Thérèse. Il est même tenté par l'expérience du jeûne. Juste pour essayer! Sa femme est tellement mieux depuis qu'elle a jeûné.

Pour Thérèse, le jeûne a été une vraie révélation. Elle dort bien, elle a de l'énergie, elle n'a plus mal à la tête et a perdu ses raideurs dans les jambes. Elle se sent régénérée. Que son compagnon envisage de la suivre dans cette voie lui fait bien plaisir. Elle tient à garder son Émile bien en vie... et bien en santé.

Le jeûne: à contre-courant

Le jeûne semble radical aux adeptes de la consommation que nous sommes. Le jeûneur, croit-on, a perdu la raison plutôt que l'appétit, et il a subi un lavage de cerveau inquiétant. La preuve: il ne broutille que des verdures depuis sa cure sacrificielle. Mais c'est avant tout un problème de mentalité.

Nous accourons au cabinet du médecin pour soigner notre insomnie, nos indigestions, nos névralgies et nos inflammations. Nous ingurgitons des drogues qui tuent nos symptômes, mais ne nous guérissent pas. Tout cela nous paraît acceptable parce que nous bénéficions ainsi d'un soulagement à court terme. Si le mal persiste, nous accepterons d'être anesthésiés, coupés, opérés, cousus, puis d'avaler des drogues puissantes et amnésiantes pour dormir quand le mal nous en empêche.

Nous voilà donc assez braves pour la table d'opération, mais effrayés à la seule pensée de jeûner.

Peu importe les motifs, jeûner reste en dehors des normes. Il faut manger à tout prix pour prendre des forces et éviter d'être faible.

Comme nous revendiquons tous le statut de gens sensuels et dynamiques, il devient louche de déserter la tablée. Et puis, pour la plupart des Occidentaux, le bonheur repose sur l'abondance. Nous avons constamment besoin d'être stimulés et excités par un train de vie effréné. Comme l'écrivait Ivan Illich: «Il faut des stimulants de plus en plus puissants aux gens qui vivent dans une société anesthésiée pour avoir l'impression qu'ils sont vivants. Le bruit, les chocs, les courses, les drogues, la violence et l'horreur restent quelquefois les seuls stimulants encore capables de susciter une expérience de soi[13].»

La surconsommation de nourriture devient elle-même une drogue. On mange pour oublier ses soucis, pour effacer ses angoisses existentielles: on passe à table et la vie reprend de la saveur. Le doux contact de la nourriture sur la langue adoucit momentanément la misère de l'existence et constitue un plaisir intime assuré et renouvelable. C'est d'ailleurs surprenant le temps que l'on consacre à l'alimentation: les courses au marché, les séances de cuisine, les heures d'attente au restaurant, les cours et les discussions enflammées sur la valeur des régimes amaigrissants...

Dans le fond, plusieurs personnes admettent que jeûner leur ferait du bien, mais elles ne mettraient jamais les pieds dans un centre de jeûne. Et puis, pour jeûner, il faut avoir du temps devant soi; si on ne peut disposer d'un congé de maladie signé par un médecin compréhensif, il faut sacrifier les vacances annuelles pour jeûner. Et pour la plupart d'entre nous, c'est synonyme de ternir ses vacances.

D'autre part, le jeûne en centre spécialisé n'est pas gratuit. Les gens qui bénéficient du régime étatique de l'assurance maladie sont peu enclins à investir dans leur santé. On paie des fortunes pour s'intoxiquer de bœuf saignant, de vins importés et de pâtisseries exotiques, mais on ne veut pas payer une chambre pour dormir et se détoxiquer.

---

13. Ivan Illich, *Nemesis médicale,* Paris, Éditions du Seuil, 1975, p. 150.

Nous nous enivrons d'activités culturelles, sportives, professionnelles et sociales et passons pour des faiblards si nous faisons une sieste au milieu de la journée. Le repos, c'est pour les gens vieux, malades ou paresseux, et pour ceux qui manquent d'intérêt et d'imagination. Il faut se tenir debout, vaincre la fatigue à coups de repas copieux et de caféine.

Un corps à dépolluer

Le corps épuisé devient notre ennemi: un fardeau, qui est une source continuelle de problèmes, de mauvaises odeurs et de ratés. Nous tentons de régler nos crises d'énergie en bouffant davantage: une fois avalées, ces victuailles ne nous procurent pas l'énergie convoitée, mais nous encombrent la panse.

On lit des données ou des statistiques sur la santé, et on ne se sent pas concerné. On fume, même si on risque les cancers les plus meurtriers, et on mange de la viande quotidiennement même si on se sait surexposé aux maladies cardiovasculaires. L'alcool, la drogue légale la plus vendue à travers le monde, détruit les gènes et la santé de la race humaine.

La chimification de notre environnement nous expose à des sources pernicieuses d'intoxication; les produits chimiques se répandent imperceptiblement dans l'air, l'eau et les aliments. Année après année, les effets combinés de toutes ces sources de pollution produisent un effet dévastateur sur notre santé: le cancer, les maladies dégénératives, cardiovasculaires et virales détruisent notre santé, nos forces, notre vie. Le corps, pourtant si résistant, décline, se raidit, se détériore.

Pour vieillir et traverser les âges en conservant notre vitalité, il est essentiel d'entretenir le corps, d'en prendre soin, de le dépolluer et de le purifier périodiquement.

La pratique du jeûne nous offre la possibilité de demeurer en forme jusqu'à la fin de nos jours. Elle nous montre que vieillir en beauté est possible, pour autant que l'on prenne les moyens essentiels pour y arriver.

Les études de la physiologie humaine nous le prouvent: le corps en jeûne se nourrit de ses réserves, répare ses structures endommagées et se régénère de façon accélérée et autonome.

Le corps orchestre tout seul sa guérison et sa dépollution. Le jeûne est donc la thérapie la plus naturelle qui soit, puisqu'elle ne nécessite aucune intervention et que le cours normal de la guérison s'accomplit sans effets secondaires.

Réfléchissons sérieusement à la question: désire-t-on prendre sa santé en main, garder la forme, jouir sans restriction de chaque journée et revivre après chaque tournant de sa vie?

On préserve sa qualité de vie «en ne l'abîmant pas», a écrit Jean-Pierre Willem. Le jeûne permet d'effacer les outrages du surmenage et de la fatigue et de rénover le corps avant qu'il ne dépérisse. Il est une véritable halte, un moyen sûr de guérir ses plaies et de repartir à zéro.

Car comment bien vivre sans jeûner? C'est la question que se posent les adeptes du jeûne.

Bibliographie

ALBERTS, B., B. DENNIS, J. LEWIS, M. ROFF, K. ROBERTS, J. WATSON, *Biologie moléculaire de la cellule*, France, Flammarion Médical, 1983.

AZZOLINA, Gaetano, *Le jeûne dans la prévention des maladies cardio-vasculaires*, Rome, Commission internationale sur le jeûne thérapeutique, 1991.

BAUER, Ernest, *Homéopathie et jeûne*, Rome, Commission internationale sur le jeûne thérapeutique, 1991.

DARNELL, James *et al*, *La cellule*, Paris, Éditions Vigot, 1988.

DE ROBERTIS et DE ROBERTIS, *Biologie cellulaire et moléculaire*, Québec, Les Presses de l'Université Laval, 1983.

DEDUVE, Christian, *Une visite guidée de la cellule vivante*, Bruxelles, De Boeck Université, 1987.

DOROZYNSK, Alexandre, *La génétique, arme du rajeunissement*, Science et Vie, n° 816.

DOWBEN, Robert, *General Physiology — A Molecular Approach*, New York, Harper and Row, 1969.

DUVERNAY-GUICHARD, Michel, *Le jeûne, approche médicale et scientifique*, Grenoble, Faculté de médecine, 1985, 180 p.

En collaboration, *Encyclopédie de médecine hygiéniste*, Québec, Informatek, 1985.

ESPOSITO-ENGELHATDT, Barbara, *Le jeûne dans les maladies du métabolisme*, Rome, Commission internationale sur le jeûne thérapeutique, 1991.

FABRE et ROUGIER, *Physiologie médicale*, Paris, Librairie Maloine, 5e édition, 1965.

GLYNNED, L. E., *Tissue Repair and Regeneration*, Elsevier/North Holland, Biomedic Press, 1981.

GUYTON, Arthur, *Medical Physiology*, Philadelphia and London, W. B. Saunders Co, 3e édition, 1968.

ILLICH, Ivan, *Nemesis médicale*, Paris, Éditions du Seuil, 1975, 217 p.

LUTZNER, Hellmut, *Comment revivre par le jeûne*, Paris, Éd. Terre vivante, 1984.

MAGNONE, Sebastiano, *Le jeûne dans les aspects de l'esprit et du psychique*, Rome, Commission internationale sur le jeûne thérapeutique, 1991.

MÉRIEN, Désiré, *Le jeûne dans les aspects techniques et légaux*, Rome, Commission internationale sur le jeûne thérapeutique, 1991.

MÉRIEN, Désiré, *Jeûne et santé*, France, Nature et vie, 1984.

MOSSÉRI, Albert, *Jeûner pour revivre*, Paris, Le Courrier du livre, 1980.

OWEN, Bob, *Du Sida à la santé*, Suisse, Éd. Aquarius, 1991.

PASSEBECQ, André, *Psycho-somatique naturelle*, 4e éd., France, Vie et Action, 1962.

ROCAN, Jean, *Médecine de demain*, Montréal, Éd. Rocan, 1977.

SHELTON, Herbert, *Le jeûne*, Paris, Le Courrier du livre, 1970.

SIDHWA, Keki, *Le jeûne et la réalimentation*, Rome, Commission internationale sur le jeûne thérapeutique, 1991.

SIMEONE, Salvatore, *Le jeûne et la variation du terrain bio-électronique*, Rome, Commission internationale sur le jeûne thérapeutique, 1991.

TILDEN, John, *Toximia. The Basic Cause of Diseaser*, Bridgeport, American Natural Hygiene Society, 1982, 116 p.

WILHELMI, Françoise, *La physiologie du jeûne*, Rome, Commission internationale sur le jeûne thérapeutique, 1991.

WILLEM, Jean-Pierre, *Prévention active du cancer*, Éditions du Dauphin, 1993.

Table des matières

LES ÉDITIONS DE L'HOMME

Ouvrages parus aux Éditions de l'Homme

Affaires et vie pratique

* 1001 prénoms, leur origine, leur signification, Jeanne Grisé-Allard
  100 stratégies pour doubler vos ventes, Robert L. Riker
* Acheter et vendre sa maison ou son condominium, Lucille Brisebois
* Acheter une franchise, Pierre Levasseur
* Les assemblées délibérantes, Francine Girard
* La bourse, Mark C. Brown
* Le chasse-insectes dans la maison, Odile Michaud
* Le chasse-insectes pour jardins, Odile Michaud
* Le chasse-taches, Jack Cassimatis
* Choix de carrières — Après le collégial professionnel, Guy Milot
* Choix de carrières — Après le secondaire V, Guy Milot
* Choix de carrières — Après l'université, Guy Milot
* Comment cultiver un jardin potager, Jean-Claude Trait
  Comment rédiger son curriculum vitæ, Julie Brazeau
* Comprendre le marketing, Pierre Levasseur
  La couture de A à Z, Rita Simard
  Des pierres à faire rêver, Lucie Larose
* Des souhaits à la carte, Clément Fontaine
* Devenir exportateur, Pierre Levasseur
* L'entretien de votre maison, Consumer Reports Books
* L'étiquette des affaires, Elena Jankovic
* Faire son testament soi-même, Me Gérald Poirier et Martine Nadeau Lescault
* Les finances, Laurie H. Hutzler
* Gérer ses ressources humaines, Pierre Levasseur
  La graphologie, Claude Santoy
* Le guide de l'auto 94, D. Duquet, J. Duval et M. Lachapelle
* Le guide des bars de Montréal 93, Lili Gulliver
* Le guide des bons restaurants de Montréal et d'ailleurs 94, Josée Blanchette
* Guide des fleurs pour les jardins du Québec, Benoit Prieur
* Le guide des plantes d'intérieur, Coen Gelein
* Guide du jardinage et de l'aménagement paysager au Québec, Benoit Prieur
* Le guide du vin 94, Michel Phaneuf
* Le guide floral du Québec, Florian Bernard
  Guide pratique des vins de France, Jacques Orhon
  Guide pratique des vins d'Italie, Jacques Orhon
* J'aime les azalées, Josée Deschênes
* J'aime les bulbes d'été, Sylvie Regimbal
  J'aime les cactées, Claude Lamarche
* J'aime les conifères, Jacques Lafrenière
* J'aime les petits fruits rouges, Victor Berti
  J'aime les rosiers, René Pronovost
* J'aime les tomates, Victor Berti
* J'aime les violettes africaines, Robert Davidson
  J'apprends l'anglais..., Gino Silicani et Jeanne Grisé-Allard
  Le jardin d'herbes, John Prenis
* Lancer son entreprise, Pierre Levasseur
* Le leadership, James J. Cribbin
* La loi et vos droits, Me Paul-Émile Marchand
* Le meeting, Gary Holland
* Mieux comprendre sa vie de travail, Claude Poirier et Nicole Gravel
* Mon automobile, Gouvernement du Québec et Collège Marie-Victorin
* Nouveaux profils de carrière, Claire Landry
  L'orthographe en un clin d'œil, Jacques Laurin
* Ouvrir et gérer un commerce de détail, C. D. Roberge et A. Charbonneau
* Le patron, Cheryl Reimold

Plein air, sports, loisirs

Psychologie, vie affective, vie professionnelle, sexualité

Verseau en amour, Linda Goodman
* **La vie antérieure**, Henri Laborit
Vierge en amour, Linda Goodman
Vivre avec un cardiaque, Rhoda F. Levin
Vos enfants consomment-ils des drogues?, Steve Carper et Timothy Dimoff
Vouloir c'est pouvoir, Raymond Hull

Santé, beauté

30 jours pour cesser de fumer, Gary Holland et Herman Weiss
Alzheimer — Le long crépuscule, Donna Cohen et Carl Eisdorfer
L'arthrite, Dr Michael Reed Gach
Bientôt maman, Penny Simkin, Janet Whalley et Ann Keppler
Le cancer du sein, Dr Carol Fabian et Andrea Warren
* **Comment arrêter de fumer pour de bon**, Kieron O'Connor, Robert Langlois et Yves Lamontagne
De belles jambes à tout âge, Dr Guylaine Lanctôt
Dormez comme un enfant, John Selby
Dos fort bon dos, David Imrie et Lu Barbuto
* **Être belle pour la vie**, Bronwen Meredith
* **Le guide complet des cheveux**, Philip Kingsley
L'hystérectomie, Suzanne Alix
L'impuissance, Dr Pierre Alarie et Dr Richard Villeneuve
Initiation au shiatsu, Yuki Rioux
* **Maigrir: la fin de l'obsession**, Susie Orbach
* **Le manuel Johnson & Johnson des premiers soins**, Dr Stephen Rosenberg
* **Les maux de tête chroniques**, Antonia Van Der Meer
Maux de tête et migraines, Dr Jacques P. Meloche et J. Dorion
Mince alors... finis les régimes!, Debra Waterhouse
* **Mini-massages**, Jack Hofer
Perdez du poids... pas le sourire, Dr Senninger
Perdre son ventre en 30 jours, Nancy Burstein
* **Principe de la technique respiratoire**, Julie Lefrançois
* **Programme XBX de l'aviation royale du Canada**, Collectif
Le régime hanches et cuisses, Rosemary Conley
Le rhume des foins, Roger Newman Turner
Ronfleurs, réveillez-vous!, Jocelyne Delage et Jacques Piché
Savoir relaxer — Pour combattre le stress, Dr Edmund Jacobson
* **Soignez vos pieds**, Dr Glenn Copeland et Stan Solomon
Le supermassage minute, Gordon Inkeles
Vivre avec l'alcool, Louise Nadeau

**le jour,
éditeur**

Ouvrages parus au Jour

Ésotérisme, santé, spiritualité

L'astrologie pratique, Wofgang Reinicke
Couper du bois, porter de l'eau — Comment donner une dimension spirituelle à la vie de tous les jours, Collectif
De l'autre côté du miroir, Johanne Hamel
Les enfants asthmatiques, Dr Guy Falardeau
Le grand livre de la cartomancie, Gerhard von Lentner
Grand livre des horoscopes chinois, Theodora Lau
* **Grossesses à risque et infertilité — Les solutions possibles**, Diana Raab
* **Les hormones dans la vie des femmes**, Dr Lois Javanovic et Genell J. Subak-Sharpe
* **Les maladies mentales**, John M. Cleghorn et Betty Lou Lee
* **Pour en finir avec l'hystérectomie**, Dr Vicki Hufnagel et Susan K. Golant

Pouvoir analyser ses rêves, Robert Bosnak
Le pouvoir de l'auto-hypnose, Stanley Fisher
Questions réponses sur la maladie d'Alzheimer, Dr Denis Gauvreau et Dr Marie Gendron
Questions réponses sur la ménopause, Ruth S. Jacobowitz
Renaître, Billy Graham
Traité d'astrologie, Huguette Hirsig

Psychologie, vie affective, vie professionnelle, sexualité

L'accompagnement au soir de la vie, Andrée Gauvin et Roger Régnier
Adieu, Dr Howard M. Halpern
Adieu la rancune, James L. Creighton
L'agressivité créatrice, Dr George R. Bach et Dr Herb Goldberg
Aimer, c'est choisir d'être heureux, Barry Neil Kaufman
Aimer son prochain comme soi-même, Joseph Murphy
L'amour lucide, Gay Hendricks et Kathlyn Hendricks
L'amour obsession, Dr Susan Foward
Apprendre à vivre et à aimer, Léo Buscaglia
Arrête! tu m'exaspères — Protéger son territoire, Dr George Bach et Ronald Deutsch
L'art d'engager la conversation et de se faire des amis, Don Gabor
L'art de vivre heureux, Josef Kirschner
Au centre de soi, Dr Eugene T. Gendlin
Augmentez la puissance de votre cerveau, A. Winter et R. Winter
L'autosabotage, Michel Kuc
La beauté de Psyché, James Hillman
Bien vivre ensemble, Dr William Nagler et Anne Androff
Le bonheur, c'est un choix, Barry Neil Kaufman
Le burnout, Collectif
La célébration sexuelle, Ma Premo et M. Geet Éthier
Célibataire et heureux!, Vera Peiffer
Ces hommes qui ne communiquent pas, Steven Naifeh et Gregory White Smith
C'est pas la faute des mère!, Paula J. Caplan
Ces vérités vont changer votre vie, Joseph Murphy
Comment acquérir assurance et audace, Jean Brun
* **Comment aimer vivre seul**, Lynn Shanan
Comment apprendre l'autodiscipline aux enfants, Thomas Gordon
Comment décrocher, Barbara Mackoff
Comment faire l'amour à la même personne pour le reste de votre vie, Dagmar O'Connor
Comment faire l'amour à une femme, Michael Morgenstern
Comment faire l'amour à un homme, Alexandra Penney
Comment faire l'amour ensemble, Alexandra Penney
Comment peut-on pardonner?, Robin Casarjian
Communication efficace, Linda Adams
Le courage de créer, Rollo May
Créez votre vie, Jean-François Decker
La culpabilité, Lewis Engel et Tom Ferguson
Le défi de l'amour, John Bradshaw
Dire oui à l'amour, Léo Buscaglia
Dominez les émotions qui vous détruisent, Dr Robert Langs
Dominez vos peurs, Vera Peiffer
La dynamique mentale, Christian H. Godefroy
Les enfants hyperactifs et lunatiques, Dr Guy Falardeau
L'éveil de votre puissance intérieure, Anthony Robins
* **Exit final — Pour une mort dans la dignité**, Derek Humphry
Faites la paix avec votre belle-famille, P. Bilofsky et F. Sacharow
La famille, John Bradshaw
* **La famille moderne et son avenir**, Lyn Richards
La fille de son père, Linda Schierse Leonard
La Gestalt, Erving et Miriam Polster
Le grand voyage, Tom Harpur
L'héritage spirituel d'une enfance difficile, Josef Kirschner
L'homme sans masque, Herb Goldberg
L'influence de la couleur, Betty Wood
Je ne peux pas m'arrêter de pleurer, John D. Martin et Frank D. Ferris
* **Jouer le tout pour le tout**, Carl Frederick

Lâcher prise, Guy Finley
* **Maîtriser son destin,** Josef Kirschner
* **Les manipulateurs,** E. L. Shostrom et D. Montgomery
  Messieurs, que seriez-vous sans nous?, C. Benard et E. Schlaffer
  Le miracle de votre esprit, Dr Joseph Murphy
  Née pour se taire, Dana Crowley Jack
* **Négocier — entre vaincre et convaincre,** Dr Tessa Albert Warschaw
* **Nos crimes imaginaires,** Lewis Engel et Tom Ferguson
  Nouvelles relations entre hommes et femmes, Herb Goldberg
  Option vérité, Will Schutz
  L'oracle de votre subconscient, Dr Joseph Murphy
  Parents au pouvoir, John Rosemond
  Parlez pour qu'on vous écoute, Michèle Brien
  Paroles de jeunes, Barry Neil Kaufman
  La passion de grandir, Muriel et John James
* **La personnalité,** Léo Buscaglia
  Le pouvoir créateur de la colère, Harriet Goldhor Lerner
  Le pouvoir de la motivation intérieure, Shad Helmstetter
  Le pouvoir de votre cerveau, Barbara B. Brown
  La puissance de la pensée positive, Norman Vincent Peale
  La puissance de votre subconscient, Dr Joseph Murphy
  Quand on peut on veut, Lynne Bernfield
* **La rage au cœur,** Martine Langelier
  Rebelles, de mère en fille, Linda Schierse Leonard
  Réfléchissez et devenez riche, Napoleon Hill
  Retrouver l'enfant en soi, John Bradshaw
  S'affirmer — Savoir prendre sa place, R. E. Alberti et M. L. Emmons
  S'affranchir de la honte, John Bradshaw
  La sagesse du cœur, Karen A. Signell
  S'aimer ou le défi des relations humaines, Léo Buscaglia
  Savoir quand quitter, Jack Barranger
  Secrets de famille, Harriet Webster
  Les secrets de la communication, Richard Bandler et John Grinder
  Se faire obéir des enfants sans frapper et sans crier, B. Unell et J. Wyckoff
  Seuls ensemble, Dan Kiley
  Le succès par la pensée constructive, Napoleon Hill
  La survie du couple, John Wright
  Tous les hommes le font, Michel Dorais
  Transformez vos faiblesses, Dr Harold Bloomfield
  Triomphez de vous-même et des autres, Dr Joseph Murphy
* **Trop peu de sexe... trop peu d'amour,** Jonathan Kramer et Diane Dunaway
* **Un homme au dessert,** Sonya Friedman
* **Uniques au monde!,** Jeanette Biondi
  Vivre à deux aujourd'hui, Collectif sous la direction de Roger Tessier
  Vivre avec les imperfections de l'autre, Dr Louis H. Janda
  Vivre avec passion, David Gershon et Gail Straub
  Volez de vos propres ailes, Howard M. Halpern
  Votre corps vous parle, écoutez-le, Henry G. Tietze
  Vouloir vivre, Andrée Gauvin et Roger Régnier
  Vous êtes vraiment trop bonne..., Claudia Bepko et Jo-Ann Krestan

***

* Pour l'Amérique du Nord seulement. (940620)